献给我的父亲和母亲

石嫣 / 著

从土地
到餐桌的变革

『新农人』变形记

生活·讀書·新知 三联书店

图书在版编目（CIP）数据

从土地到餐桌的变革："新农人"变形记/石嫣著．—北京：
生活·读书·新知三联书店，2019.11
ISBN 978-7-108-06714-2

Ⅰ．①从…　Ⅱ．①石…　Ⅲ．①农业模式－研究
Ⅳ．① F30

中国版本图书馆 CIP 数据核字（2019）第 230884 号

责任编辑　黄新萍
装帧设计　康　健
责任印制　徐　方
出版发行　**生活·讀書·新知** 三联书店
　　　　　（北京市东城区美术馆东街 22 号 100010）
网　　址　www.sdxjpc.com
经　　销　新华书店
印　　刷　北京图文天地制版印刷有限公司
版　　次　2019 年 11 月北京第 1 版
　　　　　2019 年 11 月北京第 1 次印刷
开　　本　880 毫米×1230 毫米　1/32　印张 7.5
字　　数　179 千字　图 120 幅
印　　数　0,001-5,000 册
定　　价　45.00 元
（印装查询：01064002715；邮购查询：01084010542）

目录

推荐序

生态农业与环保农村

温铁军

本书作者石嫣是我的硕博连读的研究生,她去美国"洋插队"半年。回来后引起社会各界的关注,也促使她进一步参与我们这些年艰苦奋斗的生态农业、环保农村的改良事业。遂为之序 **(1)**。

我国农业面源污染问题 **(2)**

大家都知道中国的耕地只占全世界的 7%,但很少知道中国耕地中"水土光热"等农业自然资源匹配的只占国土面积的 9%。

这种基本国情矛盾制约下的经济规律是不可逆的:越是在农业资源短缺的情况下追求农业作为现代产业的增长,其结果就越会导致化学品等各种投入的增加,投入产出就越不合理,农业和农村也就越失去可持续的基础。

---

(1) 推荐序作者是中国人民大学学术委员会副主任、福建农林大学新农村发展研究院执行院长、西南大学中国乡村建设学院执行院长、北京大学乡村振兴中心主任,曾在中共中央农村政策研究室、农业部农村经济研究中心工作,先后担任过多个国家级项目首席专家。本文写于 2012 年。

(2) 指农村生活和农业生产活动中,溶解的或固体的污染物,如农田中的土粒、氮素、磷素、农药重金属、农村禽畜粪便与生活垃圾等物质,从非特定的地域,在降水和径流冲刷下,通过农田地表径流、农田排水和地下渗漏,使大量污染物进入受纳水体(河流、湖泊、水库、海湾)所引起的污染。

目前我国农业面源污染从现象上看主要是农业的化学化造成的。例如，我国农药年产量和使用量均高居世界榜首，年生产近百万吨，居世界第二，但其中几乎没有自主知识产权的产品，农药市场上的主流产品大多数是发达国家禁用的；高毒的杀虫剂占总产量的 56%。我国年均化学防治面积 45 亿亩次；因大量使用化肥和农药而污染的土地超过 2187 万公顷，约占耕地面积的 16%。全国每年施用量已突破 130 万吨（成药），以播种面积计，几乎是世界平均水平和发达国家用量的 2 倍 [1]。据部分省市数据，蔬菜中农药检出率达 54%。这是因为植物保护是需要大面积实施才能见效的技术推广，不可能靠小农经济完成；但在我国绝大多数农民购买农药是通过私营个体渠道。约半数农民不能合理使用农药，只有 3.57% 的农药使用是由技术人员操作的。此外，我国农药残留标准仅 400 多条，而欧盟有 27000 多条，日本有 9000 多条；目前蔬菜农药残留监控计划只不过覆盖 37 个大城市，占全国城市的 5%[2]。

再如，我国化肥年使用量已突破 4000 万吨，居世界之首，单位播种面积化肥用量约为世界平均水平的 3 倍，已成倍超出发达国家为防止水体污染所设置的安全上限值 [3]。我国湖泊与河流中的污染负荷有 50% 以上源于非点源污染，来自农业面源污染的约占 1/3；但在上海、浙江这类农业产业化发达地区，工业污染负荷只占杭州湾总负荷的 10%，另外 90% 都来源于农村和农业面源污染；此外，仅以占全国作物总播种面积 20% 的集约化、专业化的蔬菜、瓜果、花卉种植区域，每年因氮肥的不合理使用而损失氮就达 300 万吨，占我国氮化肥总用量的 12%。大量使用化肥已经引发全方位立体污染、农产

---

[1] 平均每亩（667 平方米）用量接近 1 千克。

[2] 摘自"我国农药使用现状调查和对策建议"（2005—2006 软科学要报汇编，pp.222–232），原载 2004 年国家软科学计划项目"应对国外农药技术壁垒的对策研究"，2004DGS1B001。

[3] 我国单位播种面积化肥用量高达 400 kg·hm^{-2}，是世界平均水平的 3 倍，几乎是发达国家为防止水体污染所设置的 225 kg·hm^{-2} 的安全上限值的两倍。

品质量安全问题难以逆转，其产生的温室气体对气候变化产生严重负面影响。

还如，我们国内大城市前些年形式主义地搞"市长菜篮子工程"，投资上了万头的猪场、牛场，也同样造成规模养殖业的面源污染。

农业污染问题的本质尤其值得关注

这些现象虽然在 2003 年提出科学发展观之前就已经是不争的事实，但却并不能归罪于中国农民采取了不适当的农业生产方式。客观地看，这是很多地方大力推进效益目标的农业产业化的后果之一，在过去单纯追求 GDP 的"非科学发展观时代"，这些教训都被成绩掩盖了。

我们是在人口增长造成对农产品的客观需求增加的同时，进入了庸俗化的市场经济初期阶段，一方面是社会盲目地推崇消费主义，从而造成世界罕见的食品浪费；另一方面盲目招商引资、加快城市化，造成土地资源不断被大量占用。再加上在小农分散经营的制度条件下只能放弃集体化时期主要采集天然来水和地表水用于灌溉的农田水利建设方式，改为财政补贴分户打井灌溉，当然会导致地下水资源被过量开采。这两个方面共同作用的结果，就是在农业资源日益短缺的情况下农业增产与面源污染进入恶性循环。

此外，如果中国继续按照西方模式搞农业现代化和产业化，享受政府优惠政策，进入农业的企业一般都会追求规模经济效益。从西方经济学理论来说，这当然有足够的合理性，但如果从可持续发展所需要的循环经济和综合效益来看，越是规模化的大型现代种植业、畜牧业，造成的污染越严重。比如规模化、产业化的粮食、棉花生产，必然要大规模施用化肥、除草剂；越多地改用化学农业，造成的污染和农产品质量安全问题越严重。近年来蔬菜、瓜果中的硝酸盐、亚硝酸盐超标严重，产品品质下降、食品致病等等，均与商品化和化学化、规模化和产业化的农业现代化相关。就在同期，我国 5 年来某些农药产品产量增长幅度超过 130%，其中化学合成产品 2005 年利润增长幅度超过 45%；这些都直接表现在 GDP 和利益分配上，自然而然地成为官、产、学、媒联合推进"非科学发展观"的利益背景。

在新时期贯彻新战略的时候，需要反思最近 30 多年来的农业政策：它一方面确实有利于产量和效益目标，但另一方面，也确实进一步破坏了城乡生态，造成了严重的食品安全问题。看来，只要各级政府尽快把财政补贴从支持化学化、产业化的农业改变为支持农户使用农家肥的有机兼业农业，只要下决心把在城市事倍功半的环保投资少部分地改变为新农村建设的农村环保投入，农业面源污染这个全球性难题就能在中国解决。而现在之所以不能改变甚至难以讨论的根本原因，也在于某些部门或政府官员与产业资本的利益关系过于紧密。

这些污染和食品安全问题，按照最时髦的西方制度学派理论，都应该属于所谓农业现代化这种制度造成的"负外部性"[1]。

新农村建设应该突出强调生态农业和环保农村

无论是强调科学发展观，还是强调生态、环保，都应该尽可能把重点转移到农村去，结合新农村建设推进生态农业和环保农村。我们最近这几年提出的看法仅供参考。

我国资源紧张条件下的弱势农业也被迫追求 GDP，不过是最近二三十年的事，因为给定的目标仍然没有超越"大跃进"式的思维，即西方发达国家都已经实现的农业现代化。的确，欧、美、日都实现农业现代化了。但是，这个现代化成功吗？我在国际上到处寻找，始终也没有看到发达国家农业现代化的典范。

所以，如果愿意反思，那么可以提出的第一个挑战是：到目前为止，发达国家所实现的农业现代化，由于造成对生态和环境的破坏，在可持续发展

---

[1]　据此，西方学术界推出了"环境经济学"这门新学科，所提出的主要解决办法是"排污权"拍卖。但这种办法对于在世界上都属于弱势产业、需要政府补贴的农业而言，特别是对中国这种高度分散的小农经济，客观上难以适用。

的意义上，不应该被认为是成功的。据此，如果我们确实打算把科学发展观落实到"三农"工作领域，应该强调的就是生态农业和环保农村。

就现在的条件来看，中国和美国之间的农业差别太大，农业领域的根本制度是不可以照搬的。美国农业主要是靠拥有大面积土地的 17 万个农场主，而中国的农地上密密麻麻地分布着约 380 万个自然村；特别是那些平原地区的农村，往往是上千人甚至几千人聚居在一个村里。如果我们也按照美国农业追求规模效益的方式搞，其结果恐怕很难乐观。但如果止步于维持小农经济，那也很糟糕——在土地资源短缺的条件下追求细小单位面积农业的高产，其结果仍然是化肥、农药、除草剂的大量投入。

从民航客机上，我们能鸟瞰黄淮平原，很多地方被大片青灰色覆盖着，那就是地膜覆盖或者塑料大棚。在没有全面使用可降解的农膜之前，塑料薄膜都会污染土地；只要是大棚覆盖，基本特点都是高耗水、高化肥、高农药、高除草剂，这已经造成华北平原地下水过量开采超过 80%，再加上过量施用化肥导致地表土壤板结，沙化将是必然的结果。有些著名蔬菜产地由于大棚里的土壤被严重污染和有机质丧失而不得不挖地三尺以换掉棚内土壤！

如果说 20 世纪沙尘暴来源于蒙古高原，那么，21 世纪很可能来源于黄淮平原。曾经有人说过，一只蝴蝶在亚马孙森林振动翅膀，就会引起太平洋的风暴。将来的中国，也许一个小孩在华北跺跺脚，就会引起北京的沙尘暴。

近年来，为了试验科学发展观提出的"循环经济、有效经济"，北京梁漱溟乡村建设中心的志愿者们已经筹备组建了绿色合作联盟，郑州的花园街道也开始从帮助兰考农民卖健康大米，进一步与南马庄村形成了城乡社区结对互动。北京的"国仁城乡合作中心"宣布成立；在本书作者与其他 5 位中国环境大使发起，全国人大常委会副委员长许嘉璐、全国政协人口资源环境委员会副主任张洽以及 2006 绿色中国年度人物获奖者廖晓义等联名签署的

"文明消费倡议书"发布之后，很多大学生志愿者们深入社区，发动城市居民组建消费者合作社，帮助农民的生产合作社与市民的消费者合作社直接谈判，让农民能够以合理价格销售健康食品。接着，本书作者石嫣接受国际组织的安排到美国做了一个学期的参与式社区支持农业（CSA）的研究，即俗称的"洋插队"，在美国就引起很多关注，归国后也得到国内媒体和各地干部群众的重视。这个时期，我们与北京市海淀区联合建设产学研基地的有机农业和市民农园实验点（小毛驴市民农园）也在后沙涧村的土地上诞生了。

如同我们2002年配合十六大开始了新农村建设试验一样，相信再有三年，通过城乡良性互动来形成有效经济的试验也会产生初步的经验。

自 序 一

我的"洋插队"生活 [(1)]

　　对于大多数中国的年轻人来说，"插队"这个概念是陌生的，尤其是对于我这样从小生活并成长在城市中的孩子。最初了解到"插队"这个概念是从父母那里，爸妈都是下乡插队的知识青年，因插队而相识并结合。日常生活中，也常常听到父母讲述那段生活经历以及其间发生的故事。更多地了解"插队"是从我的导师温铁军先生那里。跟随先生读硕士、博士五年多的时间里，他的一言一行，无论做人还是做学问的实事求是、知行合一的精神，无不渗透着 11 年基层生活对他的影响。

　　"插队"这个概念来自于上世纪 60 年代。1966 年"文革"爆发后，中国的社会陷入了一种特殊的状态，城市里的就业机会大幅度降低，于是从 1968 年开始，有 2000 万城市里的青年知识分子和干部以插队落户为名到乡下劳动。毛主席发出号召："知识青年到农村去，接受贫下中农的再教育，很有必要。要说服城里干部和其他人，把自己初中、高中、大学毕业的子女，送到乡下去，来一个动员。各地农村的同志应当欢迎他们去。"

　　尽管现在这些知识青年对当时那一段经历有不同的评价，对于那一段"激情燃烧的岁月"，有人认为几年的插队生活耽误了他们人生中最美好的时

<hr />

[(1)]　本书旧版名为《我在美国当农民——"80 后"的"插队"日志》，2012 年出版。本文为旧版序。——编注

光，有人认为那是一种生活中不得不做的选择，但是，对于中国广大的农村来说，他们的到来却带来了巨大的改变——农村有了赤脚医生，有了给孩子们上课的老师，有了知识青年带来的新鲜事物，有了对于农田水利劳动力的巨大投入……很多东西至今还发挥着很大的作用。

但是现在，当我们提到农村时，更多的年轻人想到的还是当年晏阳初想到的那样，农民是"愚、贫、弱、私"，农村是荒芜和衰败的代名词。而那些由于种种原因进城打工的农民，更是不能得到和市民相同的国民待遇。城乡之间的二元结构造成的城乡之间的鸿沟被体制和人为的原因越拉越大。生活在城市里的人每天面对着的是水泥的森林、柏油的沙漠，孩子们更是"五谷不分"，我们逐渐失去了对生养我们人类的土地的感情。对于我们所吃的农产品，我们不知道它从何而来，又是谁种植了它们。我们想到更多的是如何从农村走出来，如何在城市中更好地生存下去，如何让自己的钱包更快地鼓起来。

如果一味强调城市的发展，而忽视了城乡之间的和谐，城市就变成了一个解不开的困局。生活在城市里的人就像井底之蛙，难免一叶障目，看不到自己生活在城市的代价是什么，比如垃圾流向了何方？又给那个地区的人带来了什么样的影响？现代城市成为一个源源不断对外制造麻烦、转嫁成本的地方，而农村也由本应在从城市到乡村、从乡村到城市这个循环链条中起到涵养环境、保持水土的作用，变为消化城市转移的垃圾、污水、废品的地方，也因此，如今，农业的立体污染已经成为中国污染中比例最大的污染。同时，食品安全问题层出不穷。在我们所追求的全球化自由贸易的大潮流下，我们餐桌上的一道菜可能经过了几万公里的运输，在包装、运输等环节可能会出现大量的营养流失和污染。同时，农民在农产品销售的最终利润中所占的份额越来越少；为了在有限的土地上提高农业收入，就要增加产量，于是逐年追加化肥和农药的用量，从而导致恶性循环。

似乎有一天，我们突然发现，我们吃的蔬菜、水果、馒头、米饭、肉都不知道是否安全，从种植、养殖到餐桌的过程，充斥着各种农药、化肥、添加剂、激素……近些年来，每个人都注意到癌症、白血病等以前的罕见病的发病率逐年增高，虽然没有确切的数据表明这与我们饮食中所含的化学物质相关度有多高，但我们确实可以体会到近30年来的变化与这方面的内在联系。据新华网报道，在不到20年的时间里，我国癌症发病率上升69%，死亡率增长29.4%，全球每年约有近1000万人新患癌症，每年约有500多万人死于癌症，也就是说大约每隔6秒钟就有一名癌症患者去世。与此同时，各种"富贵病"，如糖尿病、脂肪肝的患病率也迅速提高。

传统上的中国农村是一个共同体社区，原本起着"蓄水池"的作用——可以和城市的发展形成良性的互动，在城市遇到各种危机的时候，帮助城市"软着陆"。由于乡村是一个与外界关联很少的、相对封闭的社区，农业生产者拥有两种选择的力量：首先，农民可以选择农业生产的体力劳动的过程，包括种什么和种多少，以及投入多少。当然，这些选择总是受到当地气候、土壤的情况的限制和本地农产品市场的自然条件的限制。其次，农民是商业产品生产者的天然竞争者，因为他们可以选择自己保留种子、使用畜力和自己的肥料。

但，这样的乡村越来越只存在于相对偏远的地区，很多地方的乡村就像皮影戏中的皮影，双手和双脚都被外部力量控制着，工业资本已经夺取了农民对农业生产的控制权，迫使他们最大化投入，以匹配一些有能力决定价格的购买者的需求。伴随着农民逐步丧失对农耕的投入、进度的控制权，以及将产品销售到市场的能力，农民成为被大资本决定的食品系统链条中的一个环节，而这个链条的最终产品与生产者的距离越来越远。种植中的传统智慧基本被现代的农药化肥企业的技术所代替；农民的教育、医疗也依赖于复制城市里那一套高成本的体系。由于大部分优质资源都集中在城市里，大量农村中青壮年进城务工，很多农村成为空心村，只剩下妇女、儿童、老人（所谓的"386199部队"），农村似乎真的向我们想象中的衰败走去了。

我们到底要什么？这似乎越来越成为"生存还是死亡"的问题了。

农业耕作的过程是体力劳动的过程，如将原材料——种子、水、肥料投入到初级产品——谷物、蔬菜和牲畜中。但体力劳动并不是农业生产的全部特征，农产品系统更不是简单的农业生产，它包括农场的经营、生产、营销，也包括产品的运输、加工和营销。尽管体力劳动在农业食品生产的链条中是一个必需的过程，但农场的投入和农业的产出并转化为消费者的商品，这样一个食品系统开始逐步控制了农业经济。

20世纪初，农民可以获取农产品销售的40%，大部分投入形成的产出直接在农业的再生产中以种子、饲料、粪便和绿肥的形式表现出来。但是到20世纪末，耕作本身只能获得相当于农产品销售的10%，另外25%为农场的投入，而剩下的65%则被从农产品到消费商品的运输、加工和营销过程所获取了。而那些投入到农场中的原材料、劳动力和资本，现在则用来购买商品化的种子、拖拉机和燃油，用机械和人造化学品来替代劳动力。

因此，农场生产和产出的转变为工业资本获取农业的利润创造了机会。正像其他工业加工过程一样，农业机械、化学品、种子和小麦转变为我们在超市所购买的麦片的过程，就被资本及其需求所控制了。

马克思在《资本论》中深刻地阐述了这个转变带来的社会影响。到19世纪60年代，马克思的研究开始专注于土壤养分的循环和资本农业的剥削特质。他在《资本论》第一卷中写道：

> 资本生产，混乱了人与地球的新陈代谢，所有资本主义农业的努力不仅仅是吸食工人而且吸食土地，所有的努力的增加肥力都是朝向毁坏更多长期肥力的来源。因此，资本主义生产发展了科技和社会生产的程度，而与此同时不断侵蚀了财富本来的来源——土壤和工人。

马克思在《资本论》的地租理论中系统地阐述了这个论点，并且在他的著作中第一次提出"生态可持续能力"的概念。

在 21 世纪的今天，世界食品系统的各个方面都在发生着快速而巨大的变化，这个系统不仅包括那些耕作的农民，还包括那些大型的农业企业。这些企业提供给农民种植中的一切投入，从种子、化肥到拖拉机和燃料；再大一点的农业企业甚至提供包装和运输服务。农产品的世界贸易已经开始几个世纪了，而如今大型农业企业控制、主导了农产品的世界贸易，从而加速了这个过程。资本的集中给人类提供了不断增长的食品产量，甚至是过剩的。可是另一方面，纵观世界，更大的问题表现在：少数农业企业控制了食物生产的各个环节；农民在使用农药时存在安全问题；转基因动植物、微生物的广泛传播对于环境产生负面影响；对不可再生资源越发依赖；农民收入、生活条件差，动物福利极低，饥饿还在不断地蔓延，可食品产量的增长目标却不是为了人类的生存，不是为了减少饥饿，而是利润的增长！

难道我们就无能为力了吗？这个世界总是有人可以跳出制造问题的思路，另辟蹊径去寻找解决问题的钥匙。

社区支持农业（CSA）在 20 世纪 70 年代初最早出现在日本、德国、瑞士，最初的出现就是基于对食品安全的关注和在城市化过程中对土地的关注。在社区支持农业模式中，生产者和消费者之间建立一种风险共担、收益共享的关系，消费者会预付生产费用，与生产者共同承担在来年农业种植过程中可能会出现的风险并支持使用生态可持续的种植方式。与以往的收益方式不同，生产者在季节之初就获得了这一年种植的收益，并且这部分收益对生产者付出的劳动来说是公平的，而与此同时，消费者也获得了有机种植的健康农产品。在这里，社区是指在一定地理区域范围之内有共同消费理念的一个群体，这个群体所支持的农业生产方式对人类的发展是可持续的。有人曾经这么描述社区支持农业："CSA 是一种类似物物交换的方式，就是你今年用钱支持了一个本地的农民，来年可以获得免费的农产品。"

2008 年 4 月 18 日，在得到了学校的支持后，通过美国农业贸易与政策研究所（Institute for Agriculture and Trade Policy，IATP）的帮助，我来到了美国明尼苏达州的地升农场（Earthrise Farm），开始了我近半年的美国农民生活。在这里，我真正成为一名农民，每天和他们一起劳动——从种植到收获，从农场寻找社区成员到配送这些农产品到社区中，从浇水除草到采摘。与此同时，我的身份还是中国人民大学的一名研究生，我不仅要劳动，同时还要观察、访谈，从另一个角度来做我的研究。

或许是因为目前中国学生出国大多选择到大学学习，并且每次提到美国的农业，大农场、高度机械化就认为那是农业现代化的典范，而我作为一个博士研究生，却是到美国的一个小型生态农场当农民，而且是整半年的时间，这在大多数人眼里是不可思议的。温铁军先生说我是第一个中国公派到美国"插队"的研究生，意义是很大的。有人说这是"划时代的"。但从我内心来说，我喜欢这样的生活，享受这样的生活，并且相信"实践出真知"这句对于我们研究农村问题的人来说更是要遵循的原则。我真实地面对现实，而不是矫情地钻在书本中。一个人的一生中或许很难有几个这样的半年吧。

这本书的内容，是我对半年"洋插队"生活的回忆和总结，本书以我的故事为线索，穿插了很多我对于这种参与式研究的思考。希望通过这本书，有更多的人参与到这场食品运动中来，爱护我们的土地、珍惜现有的资源，让地球母亲可持续发展。更希望以此引发对现有的一元发展观的思考，激励更多的年轻人看到人生多样生活的选择，看到我们所应肩负的社会责任，以积极的态度面对人生的挑战。

自序二

我在中国当农民⁽¹⁾

十年前，我曾说自己有个推动健康食物系统的梦想；十年后，可以说，我很幸运地见证了这个变化的历史过程。

2008 年从美国回国后，我真的当了农民。

先说说从业十年遇到的尴尬吧：

我去银行办事，在开通手机银行的单子上填职业一项：农民。柜员说："没有这个选项，要不写'职员'吧。"需要修改职业内容，这不是第一次了。

参加活动，每次听主持人介绍嘉宾：这位是著名的教授某某，这位是某某医院的医生，这位是著名的节目主持人某某，但介绍到我就是：石嫣，是人民大学的博士，现在经营自己的农场。

有一个小伙伴，刚来农场实习没多久，母亲就直接来农场把他带回家了，母亲无论如何也接受不了儿子又做农民了，那是他们一辈子都想摆脱的身份。

去韩国首尔大学开会，一个大学教授有些轻蔑地问我："你做农民收入能维持生活吗？"我回答说："跟做老师的收入差不多吧。"教授有点惊诧，

(1) 本文写于 2019 年。——编注

说："这对农民来说是好事，对教授来说不是好消息。"

爸妈在城市生活时间久了，每次来我农场，都要带很多吃的东西来，村里只要有沿街叫卖的小贩，老爸就会跑出院子去"购物"，农场里有这么多菜和粮食，他们还是觉得我吃不上啥，觉得我在"荒郊野岭"很孤独。

2006 年，我在中国人民大学读研，师从温铁军老师。我开始到越来越多的乡村做调研，了解了我们看到的光鲜食物从哪里来。现在留在乡村的主要人群是我们称作"386199 部队"的妇女、儿童、老年人。可是农业其实也是在保护水土这些人类的公共品，我觉得很难在农民艰难求取生计的同时再要求他们承担更多的责任，我们需要更多年轻的力量回到乡村，承担责任和改变现状。而我们论文中的那些政策、建议真正落实到基层，就需要更多有力量的人去执行。再回到学校时，我愈发觉得做论文已经很难解决我的困惑了，我在想：我有没有可能不再把农民和农村只作为我的研究对象？我有没有可能成为他们中的一分子，去改变现状？

美国"洋插队"

2008 年，一个偶然的机会，美国一个研究所需要找一位语言能力比较强、有一定研究基础的人，去一个农场实习半年。通过跟农场主一起生活、工作，更深入地了解美国的社区支持农业（CSA）的模式。这个模式简单一点说，就是农场和消费者之间建立直销、互信、友好的关系，让生产者有稳定的市场保障，让消费者吃到健康的食物。消费者预付的定金作为农场主生产的"投资"，这种模式让中小型生态农场的生计得到更好的保障。

实际上，短暂的"洋插队"并没有让我学到多少农业技术，后来自己经营农场，才感觉中国农民更懂得如何在小块土地上获得更多收成；也没学到多少农场经营的管理经验，因为美国的那家农场只有 33 个会员，每周只需要配送到附近几个小镇上的配送点，由会员自行取菜，而现在我的农场的会员数量超过了 300 个。但是，在美国农场的半年的经历却像一颗种子一样，在我心里扎了根：

在地上除草，与大地平行，感觉自己很渺小；

吃到自己种植的食物，不用担心食品安全，这不是人作为人最基本的需求吗？

人类本来是使用物品，却随着现代化生活迷失了自己，被太多的物品所使用，被太多的"不够"所控制。

有机农业，不只是一个概念，不只是不使用农药、化肥，也不是我们想象的产量低下，而是农民和土地之间建立负责任的连接的一种必然选择。对于美国很多小农场主来说，尽管产出富足，但他们仍然无法生存——农产品价格无法覆盖成本，只有不断地扩大规模，贷款购买机械设备，以提升产量。很多农场主因为无法还贷而最终破产，渐渐地，农业生产被少数大公司垄断，生产好的食物让位于生产利润多的产品。

回国前一个月，我就开始设想回国后该做什么，怎么能让中国的农民采用生态耕作的方式，同时又能有稳定的市场，用市场的方式减少化学品对土地、水源环境的污染。

"小毛驴"的三年试验

2008 年底，我回到大学，正好此时我的导师温铁军在凤凰岭脚下申请了一块试验田基地，我没多想，2009 年初就申请去了基地，与基地上的几个做乡村建设的小伙伴一起计划开春后农场怎么做。我们给农场起了名字："小毛驴市民农园"。既然是试验田，我们当时都没有考虑商业模式，更多想的是怎么实现 CSA 模式。有位市民朋友听说了我们的故事，希望我们能去社区做个讲座，可能是讲座的时间安排得不好，活动只来了两个家庭，但活动没有取消。这两个家庭听了我的介绍，成了我们的铁杆支持者，还印刷了关于我们农场的宣传单，贴在小区的各个单元的宣传栏里，一下子为我们招募到了近 20 位感兴趣的消费者。还记得，3 月的农场，地里还什么都没有，显得有点荒凉，消费者没有体验、经历过这种模式，我们一群学生也没什么种植管理经验，但那些消费者和我们一定是怀着相同的梦想，一个消费者说："选择你们，即使种不出来，我们最多半年损失 2000 块钱菜钱，这是可以测量的；反之，我们吃到不安全的食物，身体的伤害就难以估量了。"

顺利的是，一个月后我们就招到了 17 位到农场种地的"劳动份额"会员，37 位配菜送到家的"配送份额"会员。我们还做过一些傻事，比如，我坚持要求登门拜访每个配送会员，向会员讲述我们的理念，然后再收费。大部分消费者只有晚上下班后才回家，所以近一个月的时间，我们每天下午四五点从农场坐公交车出发，到市区大概六点多，再找家门，跟消费者聊一会儿，再带着钱回农场。这段天天进城收款的经历，也给我带来了宝贵的爱情，我的"收费搭档"、当时正在小毛驴休学一年做志愿者的程存旺。据说因为看了《中国农民调查》这本书就从本科的工程管理专业考到了人大的农业与农村发展学院，决心跟随温老师研究中国的"三农"问题；因为有支农的理想，所以，研究生一年级结束之后他就休学了。2011 年，我博士毕业那一年，我们结婚了。而因为不断的实践，程存旺用了更长的时间于 2018 年完成了他的博士论文，并顺利毕业。

2009 年 5 月，蔬菜按照计划长出来了，我们开始给会员配送，但当时农场没有多少农业设施，应季蔬菜的品种很少，几乎连续一个月都是绿叶菜。有一次我们给一个会员送菜，箱子被扔了出来，听到有人说："我们脸都快吃绿了！"消费者的关爱和抱怨几乎贯穿了第一个种植季，不过我们在配送日的凌晨四点多起床采菜的激情并没有减少。应季蔬菜品种少、菜的口感老、不能选择更多品种等问题，直到现在还是很多刚开始运营的农场的主要问题。

　　三年多的时间里，"小毛驴"一下火了，排队要成为"配送会员"的家庭一度有200多个，到2011年就有800多个会员家庭。我们这几个年轻人，以开放的心态迎接着全国各地的参观者，也回答很多我们从未想过的问题，比如：你们的商业模式是什么？当时团队内部也有很多激烈的争论，比如：我们给这些消费者配送是不是背离了我们为农民服务的初衷？我们是不是要商业化？这么多媒体报道是好事吗？应该说，"小毛驴"的三年间我们这些年轻人为成长交了不少学费。

分享收获，守护大地

　　2011年，我完成了关于社区支持农业信任研究的博士论文，顺利毕业了。2012年我选择了再次创业。受到日本守护大地协会的启发，我和几个小伙伴考虑建立一个连接生态农户和消费者的平台，叫"分享收获"，以村庄为基础扩展消费者的规模。

　　我们的团队先在通州的马坊村租了个农民的院子，办公加住宿。这个院子也是我们第一个合作农户郎叔家的房子。当时，有人给我们介绍了村里的种菜能手郎叔。郎叔看了两个视频，又跟着我们去"小毛驴"参观了一次，竟然答应了跟我们合作种生态蔬菜。

　　但合作的第一年就遇到了问题。

　　我们住在村里，每天都要到地里看种植情况。有一天早晨，同事"秀才"发现已经开始结果的茄子叶片上有异样，一问郎叔，郎叔如实说了："用了药。"也许是郎叔想试探我们对标准的坚守程度，也许是遇到红蜘蛛，他担心没有产量，但总之，我们有两种选择：第一，把现在挂了果的茄子全部摘掉，再长出来的可以销售；第二，茄子全部拉秧，今年不配送茄子，把情况告知会员。团队一起开了个会，决定用第二个方案，将近半亩地的茄子全部拔掉。虽然觉得特别可惜，但我们也是用这次事件进一步确立了跟郎叔合作的标准。那年之后，就没有再出过标准问题。

这一年，我们给郎叔无息贷款盖了四个大棚，每个月也保证结算的斤数。第一年冬天，凑巧遇上了三十年一遇的寒冬，郎叔地里仅有的四个大棚和少量阳畦及冬储蔬菜无法跟上我们会员的供应，只能选择隔一周配送一次。团队成员几乎都是以每月两三千元的收入维持着。我们自己都觉得可笑——我们总想支持农民，其实郎叔有地也有房，而我们这群人还要向郎叔租房子。我们得先让自己活下来，得有生产能力，这就需要好的生产设施。

2012年的冬天，顺义区农业部门的一位领导偶然看到我们的采访，心里嘀咕，真会有这样一群年轻人干农业吗？他没有告诉我们就直接开车到了村里，看到团队几个小伙正在挖地窖储存白菜。这之后，他帮我们介绍了顺义区的一个面积不大的设施农场，农场里有20多个大棚，可以直接投入生产。

2013年，团队大部队转移到了顺义区的柳庄户村。现在我们可以全年每周供应超过30个品种的蔬菜、水果，全年品种超过90个。

到今年为止，分享收获最老的会员订我们的菜有十年了，有的家庭从大宝到二宝都是吃我们种的菜长大，这也是让我最骄傲的事情之一。很多时候家长带孩子来农场，能感觉到那种人与土地之间紧密的连接。我觉得孩子们健康的身体是由这块土地上的农人的劳动成果构建的，我们有理由骄傲。

2013年秋天，顺义基地旁边村里一个地痞欺负我们是外来人，经常明目张胆地来农场偷东西，我们说过他很多次，还是不改，有一天中午他又来农场偷拿钢筋，忍无可忍，程存旺带着几个小伙子跑过去，跟他和同伙打了一架。这一架打完，倒是相安无事了。我们得出结论，要想在中国农村立足创业，没有些强硬手段恐怕寸步难行，后来在招聘中，我们刻意多招小伙子，团队的年轻人越来越多，心里也就踏实了。

让理想落地，需要更多地关注产品和服务，但有时候在农村工作，却不得不把精力分散到一些别的事情上，比如，去年轰轰烈烈的大棚房拆违，其实质是部分农业土地政策不明，长期只关注农业的生产功能而忽视生活和生态功能。虽然我们受影响很小，但我愈发清楚我们农场的发展和时代的变迁是共振的，我们遇到的很多问题，如果没有农村的进一步改革，我们自己是很难解决的。

"分享收获"的会员靠口碑相传逐年增长，从 2012 年 5 月到 2019 年 7 月，分享收获的长期年度会员接近 1200 户，为了会员餐桌多样化的需求，我们提供的有机果蔬、粮油、肉蛋和各类零食的品种已经超过 300 个；处理会员订单信息成为农场日常管理中最重要的工作内容。程存旺于 2015 年跨界创业，尝试用互联网来解决农场的订单处理难题，经过一年的研发，终于打造出好农场 SaaS 管理系统，彻底解决了农场会员订单、生产管理、仓储管理等问题；分享收获农场也因此成为"互联网＋农业"的经典案例。

我们依旧用心地照顾着每一块我们耕种的土地，无论是什么样的条件，都从改良土壤开始。北京的确有空气污染，但我们既然生活于此，就要一起努力来改变它。从土地开始改变，不使用化肥和合成农药，用物理和生物防治的方法，土壤的有机质也在逐年增加，体现土壤活力的微生物和小动物的数量也明显增加，从 2013 到 2018 年，柳庄户基地的土壤有机质从 1% 增长到 4%，农场生态多样性也日趋丰富，农场蔬菜的风味也更好了。

2015 年 9 月，我作为新型职业农民的代表参加由时任副总理汪洋主持的座谈会，向他汇报了我们这些年的工作。他当时问了我几个问题，而我印象最深的问题也成为我们农场努力的目标，就是："你同学现在是不是都很羡慕你？"是啊，我们一定要让农民成为一个让人羡慕的职业。

2015—2016 年，"分享收获"和"小毛驴"联合承办了国际 CSA 大会和第七届、第八届中国 CSA 大会。2017 年，因每年大会形成的这个全国性的社会生态农业网络终于正式得以注册成非营利性组织，同年，习近平总书记在十九大提出"乡村振兴"的国家战略，终于将乡村的发展放入了历史性的重要位置，"一号文件"还将绿色有机农业放在了发展的重要位置。2018年，第十届 CSA 大会在成都市郫都区战旗村召开，大会的规模也超过了

1000 人。这个会议能够让参会者从早 8 点开到深夜，并非我们组织得多么精彩，也没有什么诱人的经济利益，而是顺应了这个时代的需要。而到这一年，CSA 的理念和实践已经遍地开花了，据不完全统计，全国有超过 1000 个这样的主体，上百万个消费者家庭正在参与这场饮食变革。孵化无数个生态农场已经变成了现实。

一百年前，美国的土壤局局长金博士来中国访问，对中国持续了几千年的农业永续的耕作方式赞叹不已，而后完成了影响西方农业转型的《四千年农夫：中国、日本、朝鲜的永续农业》。一百年后，中国的农业却成为中国面源污染的第一贡献者。

十年前，一位美国的著名大厨来到中国，希望做一次有机餐宴会，却因在出产北京烤鸭的北京农村找不到有机的鸭子而耿耿于怀；十年后，无论是北京还是全国的有机农业，都已经发生了巨大的变化，越来越多的学校、餐厅开始选用有机食材。

十年前，我刚开始做 CSA 的试验田；十年后，我仍然觉得自己在农业生产经营方面刚刚入门。读书十年寒窗，而做农民比做博士更难。

当下，分享收获农场已经初步具备了一、二、三产融合发展的可持续基础，农场全年向 1000 多个家庭供应有机蔬菜和其他食材，并构建了"食物社区"线上平台，以支持更多的返乡青年、新农人从事有机农业。"大地之子"的教育内容也日趋成熟，开设了针对想做农业的"新农人"的培训、针对都市人群健康饮食的"新吃货"培训，以及针对亲子的"大地小脚丫"活动。我们甚至还将菜园建设到了北京市呼家楼中心小学的屋顶，每周开展食农教育课程。北京的有机生产者们共同推动了北京有机农夫市集的建立。我们还跟农场的会员合伙创办了"吃素的"（The Veggie Table）餐厅，真正实现了从农场到餐桌的变革，让餐厅成为我们在都市中的农场食材体验地。分享收获农场也在 2019 年获得"世界未来委员会"评选的"生态农业杰出实践"大奖。我个人也在做了两届国际 CSA 联盟（URGENCI）的副主席后，与另一位欧洲女性一起竞选成为联合主席，除了推动 **CSA** 在国际上的发展外，我觉得通过我让更多人了解中国的农业，也是参与国际组织和会议的价值。

这不是一个成功者的故事，也不是一首完美的田园牧歌。像温老师说的那样，我们甘做一块铺路石，是因为爱这片土地爱得太深。

在乡村，自己生产并见证了从土到土的循环，也就更知道珍惜——食用品相不好的菜品、剩余物回田，衣服穿二手，饮食以蔬食为主。乡土生活拉近了人与自然的距离，也拉远了人与消费的距离。

农民应该是一个伟大的职业，优秀的农民应该是顶天立地的人——借助最少的外部资源，最大限度地将成本内化，上知天文、下知地理，照料动植物、建筑、水利、设计……勤劳、勇敢、坚强、节俭。

他们提供：

最重要的公共品：食物；

保护最重要的公共品：土地和水；

转化最重要的公共品：阳光；

孕育最重要的公共品：种子。

人类命运就像太空中的星球相遇，
偶然相遇只是为了再次消失。

——爱德华·蒙克

申请农场被拒

　　我最初了解社区支持农业（CSA）这个概念，是在 2006 年。温铁军先生去美国讲学，后来 IATP（美国农业贸易与政策研究所）的工作人员带他参观了几个 CSA 农场，他回国后在课上提到了这种模式。

　　不过，我真正参与 CSA 项目是一个很偶然的机会。2007 年 11 月的某一天，我在食堂吃饭时碰到了刚刚从美国回来的周立教授。周老师在美国加州大学洛杉矶分校做了一年的访问学者，回国前在 IATP 的帮助下在明尼苏达州做了一个月的田野调查。他问起我博士期间的研究打算。我当时还没有确定具体的研究方向，而且刚刚确定硕博连读，不用在硕士二年级下半年找工作和写毕业论文，同时，也总是有种悬在半空中不着地的感觉，读了这么多年书，"纸上得来终觉浅"，再加上硕士两年中到全国几十个乡村调研，发现的问题越来越多，困惑也越来越多，希望利用这段时间换一个环境好好思考点问题。周老师说："石嫣，想不想去美国的农场当实习生？"

我当时立刻觉得这是个很有意思的事，正好也符合我当时的实践需求，就答应了下来。但是，后来我又认真地思考了很多问题，尽管我语言水平还算可以，可是我从来没有过强烈的"出国梦"，总觉得在我没有明确今后发展的方向和出国的目的、能学到什么的时候，不能只是为了"镀金"而出国，因为出国就意味着现有的研究要中断，也可能会有机会成本。我从网络上查找了很多关于 CSA 以及这种类型农场实习生项目的介绍。对我将来有可能研究的这种模式有了大致的了解。在综合考虑了各方面的因素，并征求了温老师的意见之后，我便坚定了要去参加这个项目的决心。我很认真地写了一份研究计划，并通过周立老师推荐给了 IATP。没想到，这份研究计划对我今后的人生改变这么大。如果没有这个计划，也许我的人生将走另外一条路径。

之后的一段时间是漫长而痛苦的。因为以实习生的身份去美国，我需要以合法的签证身份工作并取得工资，在这方面，我自身和 IATP 都没有经验。IATP 和周立老师达成的意向也是很偶然的，当时他们都认为要想更好地在中国推广 CSA，就要找一个在美国的农场跟随整个种植季节劳作而不是走马观花的人。因为只有半年时间，这个候选人语言要过关，不可能到了那边再学，还得需要一定的相关研究和实践经验。

IATP 的工作人员克劳迪亚作为我这个项目的负责人帮助我联系美国的农场。她首先联系了一个农场，很快，那个农场发过来一份申请让我填。申请书上有 16 个问题，分别为：你为什么想要做这个实习生？你想要学什么？你的期待是什么？（对于你自己和我们）这个工作对你最有吸引力的地方在哪里？你认为最大的挑战是什么？面对这个挑战，你会怎么做？你有何艰难体力劳动的经历？你所做过的最困难的事情是什么？你如何处理单调的工作？你如何应对混乱局面？你熟悉农业机械吗？你是否擅长与别人一起工作？在什么情况下你会退出？在什么情况下你会受不了？你有什么强烈的信仰，会在工作中与共同工作的人产生不和吗？

我将这个申请表填好后发送给了那家农场。一个礼拜后，克劳迪亚告诉我，那家农场拒绝了我的申请，因为我没有农业劳动的经验，而且还很可能是个"都市女孩"。作为一个家庭农场，他们不可能将所有的精力都放在教我上。当时，我心里觉得很不舒服，不明白为什么会被拒绝。

后来克劳迪亚又帮我联系第二家农场，也就是我后来所在的地升农场。申请顺利通过。事实证明，这个选择对我来说是很幸运的。在地升农场我度过了对我人生影响很大的半年时光。

之后，从2007年12月底到2008年4月初，我一直在为申请签证而努力。因为需要参加一个美国国际交换生的项目才能申请到J1签证，美国的国际教育交流协会在香港的办事处还在网上对我进行了面试，现场出了限时作文题目，还提出了很多问题。我顺利通过了项目面试，接着，又顺利通过了大使馆的面签，拿到了签证。

临行前，家人和朋友给我送行。当他们问到我要去美国做什么的时候，我回答说要去一个农场工作。后来，觉得解释起来很麻烦，就干脆说是去美国的一个研究所做访问。亲戚朋友们大多不理解我要去做什么，只有爸妈知道我要去干农活。他们很担心我，一个被父母宠爱大的女孩子要在国外独立生活半年，还要干很累的农活，能坚持下来吗？

现在我还清楚地记得，在机场当我离送我的家人越来越远时，头脑一片空白，这半年会是什么样子……

4

农场的草坪和小
花园

无论你能够或者梦想做什么——开
始做吧！勇敢是具有智慧、能量和魔力
的。现在就开始吧！

——歌德

初到地升农场

2008 年 4 月 16 日，24 个小时没有休息的我抵达了美国明尼苏达州的明尼阿波利斯市（**Minneapolis**）。克劳迪亚来机场接我，我才突然意识到，我已经到美国了。为了倒时差，我又坚持了几个小时，在明尼阿波利斯市的一个湖边散步。这个城市空气很好，让人感觉很舒服。

明尼苏达州在美国的中北部，与加拿大接壤，首府为圣保罗。据说明尼苏达州有 1 万多个湖泊。整个州内以平原地形为主。明尼苏达州人口大概有 500 万人，多聚居在双城地区。朋友跟我说，我来的这个季节是这里最好的季节，冬季会非常寒冷。

克劳迪亚为了让我更好地调整时差，让我在她家住两天，然后再去农场。在这里，所有的一切都是新鲜的。我的眼睛要不停地看周围的东西，这里和中国有什么不同；我的脑袋要不停地运转，思考和转换语言；我的嘴巴要不停地说，尽可能多地练习语言。

　　比较幸运的是，我很快就调整好了时差，不过，巨大的饮食差异让我终于明白了吃一顿可口的饭是一件多么困难的事。在市区的两天时间里基本都是吃三明治，而且还都是喝凉水。于是，饮食差异成为我抵达美国后遇到的第一个困难。

　　4 月 18 日，按照计划，克劳迪亚开车带我来到了我将要生活近半年的农场。从明尼阿波利斯到农场需要三个半小时。一路上，我猜想着，期待着，但还是有些担心。沿途都是农田，经过很长一段距离才能看到一座房子，走很久才能到一个小镇；地上和树上还都是黄色的，给人的感觉很荒凉。

　　很快，我们看到了一个像太阳一样的标志，它告诉我们已经抵达目的地了。沿着乡间小路，快到农场时就看到有一对年轻夫妇在地里干活，应该就是我在农场的介绍中看到的今年的农场经理（**Farm Manager**）尼克（**Nick**）和琼（**Joan**）夫妇吧。看到我们的车，他们赶忙从地里跑了出来。我们一下车，尼克和琼就给了我们紧紧的拥抱，几只狗还有数不清的猫都围拢到我们身边。虽然是陌生人，可是这些动物却和人很亲近，猫和狗也都相安无事，让我觉得用"和谐"这个词来形容农场的动物和人的关系再恰当不过了。我的心一下踏实了很多。

　　地升农场是由两个修女姐妹凯（**Kay**）和安妮特（**Annette**）建立的，她们的父母在 1944 年购买了这个农场。农场原来是 240 英亩 **(1)**，后来两姐妹继承了这个农场的一部分，大概 16 英亩，并在 1996 年给这个农场命名为"地升农场"（**Earthrise Farm**）。这个名字的由来是：当人类第一次登陆月球时，其中一个宇航员说，"我们看到了地球从月球的地平线升起的壮观景象！"她们认为这个农场将作为一种新的范例，让人们了解到，我们不能脱离这个地球而存在。

　　地升农场位于明尼苏达州西南部，距离最近的麦迪逊市（**City of Madision**）3 英里。麦迪逊说是市，其实就是一个小镇，市区人口是 1703 人，在市区周边农村 5 英里之内的人口是 3200 人。麦迪逊市位于拉奎帕尔（**Lac Qui Parle**）县，该县的平均农场规模是 478 英亩，农场的平均年收入

　　(1)　1 英亩 =6.07 亩

地升农场的标志

为 31597 美元，88.9% 的土地被用作农耕 **(1)**。目前整个地区的收入都以农业收入为主，1999 年的数据显示，人均年收入是 27000 美元，而人口外流现象也比较严重，因为年轻人在本地区无法找到合适的工作，就到大城市去了。2000 年人口普查的数据显示，麦迪逊地区人口平均年龄是 54 岁。

凯和安妮特在这个地区非常活跃，她们是"土地工作计划"（Land Stewardship Project）的积极分子，她们还帮助建立了"原生态的骄傲"（Pride of the Prairie）项目，帮助本地区生产的食品走上大学、饭店和其他公众吃饭的餐桌。除了这个项目之外，地升农场同时还是土地工作计划"开始当农民"项目的监督者。

农场里散养的鸡

| **(1)**　数据来源：2002 年美国农业普查

　　2004 年 2 月，凯和安妮特向明尼苏达州政府提交了《非营利组织申请书》。2004 年 12 月，地升农场正式成为非营利性组织并更名为"地升农场基金会"（Earthrise Farm Foundation）。凯作为地升农场的执行官，负责农场的全面事务；安妮特在这个地区组织了一个鸡蛋合作社，每周都有周边养鸡的农场将鸡蛋汇集到这里，安妮特组织销售和运输。

　　基金会的一项重要工作是社区支持农业的运作。凯和安妮特在 2008 年之前已经做了 13 年的社区支持农业工作，但因为农场向基金会转变后，整个基金会的任务越来越多，凯和安妮特无力再负责 CSA 这方面的管理，于是从 2008 年开始，农场雇用尼克和琼夫妻两人作为农场的经理，主要负责CSA 的事务，如种植和实习生管理。

　　尼克和琼带我转了转农场——仓库、图书馆、车库、养鸡棚、温室……温室里已经有很多植物开始育苗了，可是这个时候我既无法辨认都是些什么，又不能将很多蔬菜的英文名字和中文对上号，比如 zucchini（一种西葫

农场经理尼克和琼

农场的杂物室，放种子、肥料和工具

芦），basil（一种香草罗勒），eggplant（茄子），kohlrabi（大头菜）等。琼送给我一本种子公司销售种子的书，里面有很多蔬菜的图片，每种蔬菜还有很多品种，农场今年种的植物有很多都是从这个种子公司采购的。

他们还告诉我另外一个实习生下周就会到农场，是从波士顿来的一个19岁的女孩，叫爱玛。她正在上大学一年级，但是由于学费和专业的原因，准备转学到明尼苏达大学学习环境政策教育专业，所以，这个学期她来农场实习。之后，还有一个叫艾拉的实习生，她刚刚大学毕业。

安顿好行李后，克劳迪亚离开了农场。从这一天起，我将在这里生活、工作半年时间。我的"洋插队"生活将正式开始。我将抛弃过去有些矫情甚至小资的生活方式，让自己的双手沾满泥土。

正如斯嘉丽在《飘》中所说，Tomorrow is another day!（明天是新的一天！）

农场的堆肥栏，每个格子里是一年的堆肥

我的动物伙伴们

挖掘我们心灵深处的慈悲，拥抱万物生灵，接受整个大自然及其美丽之处，这样我们就可以完成我们释放自身的使命。

——爱因斯坦

2004 年，地升农场申请成为一个非营利组织，多萝西是理事会的主席。多萝西提供给地升农场的实习生一套房子免费居住，这半年时间，它将成为我们暂时的小家。我们几个实习生每天在农场工作结束之后，或步行，或骑自行车，就可以回到我们"家"中了。骑自行车大概要一刻钟，步行要半个小时。这栋房子一层是厨房、客厅、卫生间，二层是三间阁楼式小屋，分别由我们三个实习生居住。

多萝西家有两只狮子般个头的狗和一只哈皮狗，每天都在这套房子外面陪伴着我们。因为白天我们都不在家，它们很孤独，每次见了我们都特别兴奋。那只哈皮狗每次看见我们回来，老远地就摇晃着身子在地上打滚，想和人亲热。这个时候真正感觉到这些动物很快乐，它们可以在草地上奔跑，可以真正地负起看家护院的责任，也只有这个时候才能感受到动物和自然界之间的和谐。

我和爱玛第一天 7:30 步行从家出门，这三只狗还有不知突然从哪儿跑来的一只小狗就紧随在我们身后，四只狗忽前忽后，一会儿钻进了边上的草丛，一会儿又跑到依然有未融化的雪的河水中洗澡；有时候走到我们前面，它们还回头看看我们，等我们一会儿。它们伴随我们一路走到了农场。那个时候感觉像是到了儿时的动画片中的情景。还记得《花仙子》吗？花仙子为

农场实习生居住的房子

了完成自己的使命，去寻找能带来幸福与快乐的"七色花"。在旅途之中，她遇到了很多阻挠，但她凭借自己非凡的勇气和智慧战胜了困难，在朋友咪咪、来福和嘉文的帮助下，终于历尽千辛万苦找到了七色花。我这次来美国似乎也是一次"寻找"之旅。对于我自己，是寻找我喜欢的生活方式之旅，同时，还是寻找解决农业和食品安全问题出路之旅。或许，这几只狗也可以每天跟着我们一路来农场，每天下班后我们再把它们带回家……

我正在畅想的时候，突然，尼克和琼从远处开着农场的卡车过来了，然后很着急地把这几只狗赶上车，开车把它们送回去了。我和爱玛吓了一跳，不知道怎么回事。琼告诉我们，因为平时他们的主人多萝西夫妇很少回家，所以三只狗都特别孤独，每年实习生来的时候，都会发生这样的状况。有一次它们跟着来到农场，吃了农场养的鸡，那一年正好是尼克在农场当实习生。

这之后，每天早晨我们出家门都要和它们作一番斗争，有的时候要做投石子状，它们才可怜兮兮地留下不跟我们走。有几次，它们尾随我们，路上我们一停下脚步，它们也停下脚步；有时候突然看不到它们了，以为它们知趣地回家了，结果我们刚到农场，它们就出现了。它们竟然在跟我们玩捉迷藏，真是聪明的动物！我们得赶紧追赶着它们往回跑，它们这才知趣地回家。这样的情况一直持续了几个礼拜。

农场里的动物还有猫、鸡、火鸡和羊，当然还有各种鸟儿和昆虫……

每天早晨到农场，也都要和这些动物打招呼。狗可以保护农场的鸡群，因为晚上可能会有黄鼠狼来偷鸡；猫可以驱赶和捕杀老鼠，防止老鼠偷吃粮食和鸡蛋；火鸡是为感恩节准备的，今年是农场第一年养火鸡，发生了很多有意思的故事；还有两只羊，也是今年第一次养，每两天可以挤一升羊奶。

随着火鸡的个头越来越大，我们用线绳做的栅栏越来越难圈住它们了，有时候它们会飞出栅栏。开始时，还只是几只在栅栏外附近转悠，到9月底的时候，这群火鸡一起飞出了栅栏，有时候能看到它们在树林

我和农场的羊

我和"上吊"的火鸡

边漫步，见到动物或者人就展开翅膀，露出鲜艳的羽毛，还不时一起发出"咕噜咕噜"的声音。尼克经常给我们学火鸡的叫声。有一天，安妮特发现一只火鸡缠在了栅栏上，可能由于过度挣扎，吊死了。于是这只火鸡就提前成了我们餐桌上的美食。他们说："石嫣，我们提前给你过感恩节了。"

我离开农场的那一天，安妮特突然又发现一只火鸡"上吊"死了。她从这只火鸡的身上拔下一根羽毛放在信封里，塞到我的手中，信封上写着：你走的这一天，这只火鸡的心脏也停止了跳动。

一望无际的农田

农场附近的小鹿

步行到农场有很多乐趣，可以享受一路的景色，虽然每天都是这条路，但每天都不一样，还可以伴着溪流一路前行，更重要的是走到农场后出一身汗，很舒服。这里还有一种鸟，个头很大，长得很漂亮，经常出现在路边。幸运的话，路上还能看到白尾鹿，繁殖的季节，一定是成对出现的。它们看到你时会突然立定不动，然后瞬间启动，它们跳得很高，你能看到它们白色的尾巴在田野中一上一下直到消失。

有时候，天空白云朵朵，有时候乌云密布，因为视野非常开阔，所有的这一切都尽收眼底。

有了这些伙伴的陪伴，每天的生活不再单调。大自然赋予了这个世界上每个生灵栖息和生存的环境，所有的动物又赋予了大自然以生命和活力。这才是真正的美好与和谐。

最难熬的第一周

你问我问题，我在倾听。我回答说：
我没有答案，你必须自己去寻找答案。

——沃尔特·惠特曼

第一周的工作结束了，打电话给家里时，很多朋友和亲戚都在问我，你真的要干农活啊？他们真的会让你种地？我回答：是啊！

当我真正地参与进来时，才发现，如果我不亲自参与，那么我就不可能领悟 CSA 是如何融入到农民的生活中并与生产结合的。

第一周，对我来说是开始播种的一周。

我学习了从温室种植到室外种植的技巧，从浇水、移植、耕地、播种到自己制作耕作用的小机械、开拖拉机。和我想象中的情况不太一样，每天我们的工作时间非常固定，从早晨 8 点到下午 5:30，中间只有一个小时的吃饭时间，这让过惯了学校自由生活的我很不适应。

我看到在美国有这样一个农民的群体，他们喜欢耕作、喜欢这种生活，他们每天喂鸡、养鸭，还养很多只猫和狗，他们的脸上充满着对目前生活的满足和快乐，他们崇尚在地化（本土）购买，购买有机的、新鲜的食品。凯和安妮特虽然都快 70 岁了，但是，每天不到 8 点就能看到她们在自己的花园中忙碌的身影，凯在花园中除草、浇水，安妮特则在鸡蛋房中边听广播边清洗鸡蛋、包装鸡蛋。

在生活上，我居然开始喜欢起做饭了。当我第一次在美国吃到我自己做的木耳炒鸡蛋、素炒西蓝花后，做饭就成为我工作之余的第一个期盼。开始的第一个礼拜不能自己做饭时，我的胃对于西餐的适应程度几乎已经到了极限，甚至看到面包和黄油就反胃。后来，能够吃自己做的饭了，就觉得特别

播种育苗

香，甚至觉得比在国内任何一个饭店中吃过的饭菜都好吃。这还多亏了临来美国前一周妈妈对我的厨艺集训。

在语言上，我在不断地练习。每天除了和家人打电话，我生活在一个完全无中文的环境中，面对面与他们交流时，似乎还没有遇到太大的困难，困难的是我们所接触的种类繁多的蔬菜的名称，还有很多和耕作有关的词汇。

对我来说，最大的问题可能还是对周边环境的适应。

刚到这里时，周围一片荒芜的景象，从农场到住所沿路难以看到一幢建筑。而且，我们住的房子特别大，空空荡荡的，门也没有锁，让我这个城市女孩觉得特别不安全。后来，尼克经常笑着回忆起我刚到农场时的这个顾虑。"这里安全吗？"他回答说："没有比这里更安全的地方了，美国犯罪率高的地方是城市。"可是，当时，我总觉得很害怕，晚上也不敢关灯睡觉。第一周的周末，爱玛开车去附近的一个城市找她男朋友去了，房子里就剩下我一个人，刚刚到异国的那种思乡之情特别强烈，觉得很孤独，不知道今后半年该怎么过。有时候晚上做梦经常会梦到自己还在中国。

周六自己在家待了一天，周日中午我决定回农场，看看能不能看到凯和安妮特，我得尽可能地寻找和别人交流的机会。半路上，碰到了正要运货去展销会的安妮特，她一眼就看出我的心思了，对我说："对不起，石嫣，我们忙着展销会忽视了你，你一定很孤独吧。"她开车把货运到了展销会现场，又立刻返回农场接我一起去那儿看看。

展销会很热闹，有一个厨师在教大家怎么做饭，还有一些零散的摊位，有点像小型的庙会。屋子里很冷，但是我们三个人还是非常热情地向每个人介绍我们的有机产品，并同时宣传我们"食在当地，食在当季"（Buy local, buy fresh）的理念。

我在开拖拉机

地升农场的展位宣传"食在
当地，食在当季"的理念

来参加土壤改良社区活动的农民

　　第一周我还参加了农场组织的一个社区活动。地升农场作为非营利性组织花 1 美元就买下了一栋近百年历史的教室，他们准备将这栋教室重新翻修，因为教育是地升农场的重要使命。在课堂上讲课的不一定是教授或者真正的老师，只要像杜温（Duwin）一样在某一个方面可以让大家了解更多的知识，你就可以走上讲堂。杜温是一名园艺师，他在镇里开花店，这节课他讲授的是如何取土样，如何改善土壤的质量。农场通过广播将这堂课的消息发布出去，周边社区对这个问题感兴趣的人都可以来参加。让我感到惊讶的是，这堂课来了有二十几个人，每一个参与者都充分地参与到课堂中，很积极地提问题、讨论问题，好像没有人认为自己是来"听讲座"的。

　　第一周，很多工作都在育苗棚里进行。我们即将移植到大田中的每一盆温室植物都像是孩子，当它们在温室里生长时，就像在母亲的肚子里，温暖而又没有危险，当它们逐渐长大要脱离母体时，就要面临种种挑战。这些幼苗首先会被经常轮换地放到温室外一处相对避风的地方，之后，在它们正式移植到室外之前，还会在农场的一个小木屋里放几天，这个小屋子里只有一个小暖气，而且透风。琼告诉我，有机会可以经常用手轻抚它们的头，就像微风一样，让它们提前接受训练。就像琼说的那样，这些植物就像是我们的孩子，从播种到收获，它们将与我们同行。

　　CSA 农场一般会尽量少地使用大型机械。因为使用大型的机械一定会消耗很多石化能源，另外，大型机械对于土壤也是有一定的破坏力的，更重要的是，由于使用机械必然会排斥劳动力，长期下去可能会导致解放出来的劳动力离开社会，导致社区的消亡。所以，CSA 一般是劳动力密集型的。可以说，每一种植物都饱含着我们的劳动。温室中的植物都需要用手移植到土地里，另外一些植物，因为它们的生长周期较短，不需要在温室中生长，就更需要靠手工播种的方式了。

　　现在，我的双手经常沾满泥土。以前，看到妈妈的手那么粗糙，只是

即将从温室移植到大田中的蔬菜苗

想她不用护手霜的缘故。现在知道，干活时手经常弄脏，经常清洗，根本没有机会用护手霜。我的手也开始变粗糙，茧子已经初现原形了。我记得以前妈妈经常开玩笑说，看咱这双小手，白白嫩嫩的，啥重活都没干过。我就撇撇嘴说，俺这双手就是在电脑上工作用的。现在想起来，自己真的是被父母宠着长大的。再想想中国的农民，为什么我们说他们"土"？费孝通曾经在《乡土中国》中解释过中国农民的"土"。现在我知道，这个"土"是很恰当的词，但并不应该被理解为贬义。他们面朝黄土背朝天，每天接触最多的就是泥土。就像今天，我们一直在地里干活，在种幼苗时，我们经常跪在或者坐在土地上，手上沾满泥土，可能只是在中午吃饭前才会洗洗手，几天的活干下来指甲缝里都是黑色的，手上的裂缝也都是黑色的。

我在做土豆种子

周末的时候，这里突然下起了大雪，很难想象在接近 5 月的时候下雪，而且因为这里风大，雪借风势，让我感觉很多年都没有见到过这么大的雪了。尼克说，他在这边生活了这么多年，也没有遇到过这样的春天。到农场的第一周，每天都是大风，又遇到了这场大雪，这更增加了我对未来半年生活的不确定——我能在这样恶劣的天气条件下生活半年吗？

播种

MUDBOOTS
CREW

社区是由相互合作的人们组成的。
——珍尼特·阿姆斯特朗

泥胶鞋乐队

　　尼克和琼两个人住在离农场大概 20 分钟车程的小镇米兰（Milan）。这个小镇上居住的大部分居民都有芬兰籍的背景。5 月 17 日，在这个镇上将举行一个"盛大"的游行，我们和易绿农场（Easybean Farm）将组成泥胶鞋乐队（Mud Boots Crew）来参加这个游行。正式游行之前，我们要举行很多次排练。

　　以前只看到过我们国庆时那些整齐划一的列兵队伍，看到过一些国外的庆祝游行，但自己亲身参与还是第一次。这些第一次，对于我都是重要的人生经历，就像我第一次坐飞机时，温老师说，你会记得你第一次坐飞

米兰小镇

机时是和谁一起，去哪里，以后坐多了，你就不会记得那么清楚了，因为这是第一次。

晚上下班后，我们到了易绿农场，这时候农场已经有很多人了，接着我们纷纷和这些人握手、拥抱、寒暄。

开始排练了，他们沉醉于自己的音乐里，我也感觉从来没有这么释放过自己。在泥胶鞋乐队里，你可以做各种自己想做的动作，不必在乎别人的看法；你可以让自己的乐器发出各种声音，甚至是噪声，不必刻意希望得到别人的评价。我的乐器是一个手鼓，还有人的乐器是铁质的搓衣板，怎么我从来没有想过用勺子刮搓衣板发出的声音也是音乐呢？很多孩子也来凑热闹，有个男孩拿起自己的两只鞋子在一起拍打发出声音。

第一次排练结束时，天已经黑了，有几个人还未尽兴，就又围成一圈开始演奏乐器，我也加入了他们。农场主迈克躺在地上，我们几个围着他，每个人和着自己喜欢的节拍，那个时候心里只有音乐和快乐……

5 月 17 日这天临近中午时，乐队成员都来到指定地点集合。与平时排练时不同，每个人穿的都不再是干农活时的衣服，而是五颜六色甚至有些怪异的服装，有几个男孩还穿上了裙子，男孩的胳膊上写着 Norway（挪

我的乐器是手鼓

威）——NO WAY（没门）！不过，这一天每个人都穿上了胶鞋，也是为了
呼应我们泥胶鞋乐队的名称。迈克此时此刻躺在地上享受出发前的安静，我
们都说他和美琳娜一定是天下最酷的父母。

全体乐队成员喊着口号成功地完成了我们的任务。游行中最令我难忘的
是猴子跳舞（Monkey Dance），这一部分舞蹈没有任何指定的动作，乐队
中的每个人都随心所欲地蹦跳，越疯狂越好，而面对的是马路两旁拥挤的人
群。游行结束后，很多观看的人都问我们是从哪里来的，是不是经过很多次
排练，还称赞我们的队伍是最好的。

是啊，我们每个人都为这次游行做了精心的准备，我们在表演时尽
情地挥洒我们的热情。我们告诉大家：我们是一群农民，但是我们有着
同样对于生活、对于音乐的喜爱！我们热爱我们的职业，尽管这份职业

乐队第三次排练

可能是穿着沾满泥的胶鞋度过的，但是我们享受这个职业带给我们的收获和自由。

　　平时，每周一到周五都是非常繁忙的农场工作，偶尔周边一些农场也会组织一些活动，这些活动为平时繁重的体力劳动增添了很多乐趣。

　　7月4日，美国独立日。中午农场举行了小型的烧烤聚餐，下午尼克和琼带我跟爱玛去看麦迪逊市里的游行活动，晚上去参加另一个种植葡萄的农场的聚会。这一天的烧烤聚会上，我穿上了旗袍，他们问我："石嫣，你是不是把中国所有美丽的东西都带来了？"参加晚上的聚会时，看着他们燃放的焰火，我想起了我可爱的祖国和亲人、朋友，因为焰火让我联想到了春节、和家人团聚、与朋友彼此祝福，而我现在只身在大洋彼岸。

乐队第二次排练。

工作之余，尼克带我们去了附近的一个盐湖，从农场到盐湖的路上可以称得上"原始"了，有些地方甚至像非洲的草原。我很喜欢这样的地方，它让人心胸豁然开朗。尼克说："石嫣，这对你来说是个难得的旅程，别人来了美国都是去纽约、华盛顿、迪士尼，而你却类似探险地来到这里。但或许这正是这趟旅程的另类所在吧！"

地升农场附近的盐湖

关注土壤和关注心灵是一致的。
——萨提斯·库玛

春天，新生

　　这里的春天迟到了，但终于还是来了。

　　现在，经常会看到很多大型的拖拉机驶过，一片繁忙的景象。

　　其间还不时有客人来访，这周有一个学校高一的学生到农场来，算是他们暑假前的旅行。还有一些志愿者，有时候会来农场参加一些志愿劳动。

　　这周，我们三个实习生一起看了一部电影《甜蜜的土地》（*Sweet Land*），讲述的是发生在明尼苏达州的故事。当时"一战"刚刚结束，明州很多美国农民都会娶欧洲的女人，而且多是通过中介。他们一般都没有见过面，只看过照片。女主角是从德国来的，由于战争的原因，她刚刚来到这个农场时，社区里的居民不能接受她，她丈夫也没有接受她。当男主角的朋友因为破产要拍卖农场时，为了保存朋友的那个农场，保存他们全家，在拍卖现场男主角竟然喊出了7000美元的价格，但他并没有那么多钱，只能将自己的农场抵押出去。这个时候，女主角和男主角站到了一起。那天晚上，住在周围的全社区居民默默地凑齐了 7000 美元，放在了他家的桌子上，他们和他站在了一起。

这之前，我看过一部电影《农民约翰的真实土壤》（*A Real Dirt Farmer John*），也讲述了农民约翰对自己土地深深的眷恋，是这片土地带给了他最大的快乐。这片土地有着所有他童年美好的回忆，有着他与家人全部的悲欢离合，有着因借贷购买大型机械导致破产被迫离开家园的痛苦，还有着他找回自我回到家园重新当农民的新生。约翰后来就将自己的农场建立成了一个 CSA 农场，有几百个份额成员（share members）。

这两部电影都表达了一种通过农业、农村社区重新找回自己、沟通家庭成员情感的理念。农业一直就是与生活、生计、生态紧密联系的，不是吗？

一个月前，我刚到农场时，有 100 只小鸡刚刚出生。现在，经历了大风和大雪还有低温的考验后，只有 50 只小鸡幸存下来，不过这些小鸡再长大一些后将被送往屠宰厂。有一顿午饭的时间，他们在讨论如何杀鸡。我说，我只想吃鸡肉，不想杀鸡。他们说，你应该正视它们的这种死亡方式。

在农场中，我最喜欢的一项工作就是去捡鸡蛋。每天，我们大概都能有 120 多个鸡蛋。那些母鸡们都很可爱，有一些老母鸡很熟悉我们要去"偷"

农场刚买入的小鸡

小动物和人很亲

它们的鸡蛋了。当我的手伸到笼子里时，它们竟然由卧着变为站立，等我拿走鸡蛋后，它们就卧下了。当然，有一些年轻的鸡妈妈，它们严密地保护它们的宝贝，我刚一去拿，它们就尖叫，有时候还会啄我的手。有一次，我漏捡了一个鸡蛋，那只母鸡立即用脚轻轻地将那个漏掉的鸡蛋拨到它的肚子下面藏了起来。

春天，农场还有很多新的生命诞生。有一只小猫，农场的人都特别喜欢它，叫它天使。它才刚刚一岁，这个礼拜竟然生下了一对双胞胎，而且它还证明了自己是一个很称职的妈妈。

农场的所有动物都和人非常亲近，刚来的时候我觉得挺奇怪的，因为以前我见过的猫狗很多都怕陌生人，但是这里的小动物们似乎天然就是人类的朋友，对人类没有敌意，有时候它们会懒洋洋地带点撒娇的意思走到你身边，让你抚摸它。

而我的生活呢，也逐渐步入一个"枯燥"的循环，每天工作从早晨 8 点到下午 5 点半。连续一天的工作，暴露在太阳底下，再加上风吹，花了一段时间才完全适应这里的生活。工作的时候，经常独立完成一项工作，比如半天时间都在一片区域里除草，这个时候会觉得特别孤独。我常常会在这时唱歌、自己和自己说话，更多的时候会想很多过去的事，也会憧憬一下未来。来的时候带的几件干净的衣服，现在已经洗不出原来的颜色了，右手的食指上因为经常拔草，裂了一个大口子，还有很多裂纹，根本洗不干净。

每天傍晚回到家中，把干活的一身衣服脱掉，换上干净的衣服，坚持做点晚饭，把饭端到楼上自己的小桌子上。坐到床上时，就再也不想动了。吃完饭上网看看今天的新闻，就要到楼下洗澡，这个时候再站起来，觉得浑身都疼。以前，如果很长时间不锻炼，可能突然运动一次就会感觉浑身疼。可是，在美国的这半年时间，这种疼痛的感觉是经常有的。

进入 5 月后，这里的天气还是不太暖和，而且多大风，我还要穿着大衣。这么大的风容易使人的意志消沉，因为你无法抵挡。

　　这让我想到，农民在生产食物的过程中付出了这么多的辛苦，可为何食物就一定是最廉价的呢？如果说艺术品、奢侈品含有人类设计、手工艺的价值，那么农产品更是如此啊，还有哪一项产品的生产周期能超过农产品的生产过程——经历如此漫长的时间，在各种严酷的天气中经历考验，要根据"老天爷的脸色"利用各种智慧判断播种、移苗、收获的时间，而农民更是在这个过程中付出了辛苦的体力劳动？

　　在与大自然的力量合作的过程中，农民实实在在地创造了财富，但是对于大部分人类的历史，人类并没有给予食物更多的重视。我们吃了食物，但我们不知道它们——那些从太阳、土壤、水、空气中汲取生命力量的植物——从何而来。有机农业的实践也挑战着生产者，他们需要考虑长期实践、相互影响和农业的动态系统。同时，有机农业还意味着让消费者更多地参与到农业和食物系统中，要从生态的角度，从营养、能量以及动植物之间的相互作用来思考，然后平衡利润与社区、消费者需求。

　　志愿者迈克为这个农场贡献了很多，他有一辆房车，经常开车从老家来地升农场待上半年，做一些小工程。这次，他开始打造他的新装置，一个用来收集雨水并浇花的装置。在我们的农场中，有很多类似的装置，我们平时种菜时用的水很多都来自雨水的收集。他们将房屋的屋顶做成斜三角形，这

迈克教我取鸡蛋

样，下雨的时候雨水会顺着屋顶流下来，然后，在屋顶的边缘放置一个水槽，雨水会顺着水槽中的一个管道流到收集装置中。有时候，我真的感叹他们的聪明和灵巧——他们利用大自然，而又不破坏大自然。

明尼苏达州的春天不知不觉就快过去了，我到美国也整整一个月了。

回想这一个月我都经历了什么：

语言障碍。当你和一群外国人在一起，而且他们聊的内容还是你不熟悉的内容时，那种感觉不是着急而是孤独，看着他们你一句我一句地讨论，谈笑风生，每当这个时候，就更清晰地感觉到自己身处异乡，这可能也是每一个国人在国外生活的最大问题之一。尽管你在这里可以有你自己的事业、家庭，但如果不在这里生活很多年，甚至即使你在这里生活了很多年，也是很难以真正融入他们的生活的，你总是像一个旁观者。爱玛说她曾经去一个非英语母语的国家，当时她也感觉特别难受，后来遇到一个美国人，跟她说英语，她当时就觉得他是她最好的朋友。

饮食障碍。这是第一周的最大困难。从飞机上到刚到美国的前几天，一直都吃西餐，当时一想起来，就有反胃的感觉。后来进入工作状态，而且能自己做饭吃，就慢慢调整过来了。干活是真正的干体力活，不是我在相机前摆一下姿势那么简单。因为能量消耗比较大，自然饿得快，吃什么都香了。不过，他们喜欢边吃饭边喝凉水，这一点我还是没有适应。我的习惯是吃完饭还要喝点热汤或者粥，用爸爸的话说那叫"ru zan"（两个字都是四声，是舒服的意思）。

工作障碍。累，真的很累。从周一到周五，从早晨 8 点到下午 5:30，为了那些"小宝贝"们的健康成长，我们想尽办法给它们创造良好的生活条件。温室、温室外的空地、小温室……让它们逐步适应温度的变化。移植到大田之后，因为大风，还要给它们先盖上一层棉纱；要为它们除草，甚至这就是一整天的任务。有机耕作就意味着我们不施用带有人工合成化学药品的除草剂，除草的任务量很大而且全部由人工完成；我们用的肥料是用虫子的粪便做成的，将植物移植到土地之后一周左右，就要给它们施一次肥；有些植物要杀虫，药品是天然非人工合成的杀虫剂……20多亩的土地，每一种作物都需要如此这般的悉心呵护。

有时候累了，我们几个躺在花园里的草坪上，仰望天空，畅想无限，倒也很惬意。

生活障碍。当地的农民特别是这些有着"食在当地、食在当季"理念的农民，他们会区分哪些食物可以储存哪些不能储存，如果可以储存，他们会批发一些放在冷库里，比如说各种肉类和粮食。在农产品收获之后，他们会只吃自己农场生产的瓜果蔬菜，但在冬季和春季，他们主要吃在夏季制作的罐头。这些罐头不只是我们中国意义上的那些水果，他们还将各种蔬菜做成罐头，蔬菜的形状和味道都基本不改变。通常，还可以将这些蔬菜切成块冷冻在冰箱里，营养流失不大，可以充分保证食物的安全和口感。所以，最初农场没有自产蔬菜的时候，我们只能吃罐头和冷冻蔬菜。

其他障碍。农村，虽不能说是穷乡僻壤，但也属于交通购物都不太方便的地方，尤其是对我这样不会开车的人（虽然我会开拖拉机）来说，简直就是寸步难行。当然，逐渐你会发现越来越没有购物的冲动……

幸运的是，农场里的每一个人都特别好，他们珍视我这个从中国来的丫头，他们也喜欢体验这种不同文化间的碰撞，我教他们说"农场""美丽"等中文，她们会微笑着对我说话，还会热情地拥抱我。当我遇到问题时，她们也会很热心地帮助我、和我交流。

幸运的是，我学到了很多，每一天对我来说都是新的开始，社区支持农业、有机农业、可持续农业……这些概念现在不只是冷冰冰的概念，而是鲜活的现实；它们不只是高调的口号，而是实实在在的，是可以亲身去实践的，并且还是和生活方式紧密相连的。

幸运的是，我可以每天在这么好的自然环境中，和动物、植物和谐地生

米兰艺术学校定期开
办一些课程

活在一起。我看到了有那么多不同的蔬菜品种，我学到了如何种植每一种蔬菜。郁金香是我们的花园中第一批开放的，尼克和琼就是在这里举行的婚礼，有鲜花的陪伴，有亲友的祝福，该是一件多么幸福的事情啊！

劳动之余，我们学习了制作面包和酸奶，还参观了四个非营利性组织，它们都以自己的社区为主要活动范围，以发展自己的社区、保护社区物质和精神文化为主要目的。

第一个参观的组织是伟大米兰项目（Great Milan Initiative）。由于整个米兰小镇以及周边地区的人口越来越少，很多小学生到外地去上学了，原来镇上的一个小学就无法再办下去了，闲置了下来。他们计划将这个学校重新利用起来，同时也为社区服务。

第二个是米兰艺术学校（Milan Art School），是一个以社区民间艺人为依托的学校，他们定期开办一些课程，这些课程不是那么正规，没有教材。老师会在课堂上教你制作勺子、编织，会带你到野外教你绘画。

第三个是明尼苏达河流保护协会（CURE），它是一个以保护明尼苏达河为理念的组织，会组织当地居民划船，帮他们了解河流并清理河道。这让我想起家乡保定的护城河。爸爸妈妈说他们小的时候，那条河是可以通向白洋淀的，在市内还可以划船从一个地方到另一个地方，夏天还可以在河里游泳、捕鱼，而现在呢，水是黑色的，还有难闻的味道。河流，是文明的发源地，也是我们生活的一部分，可是我们对它们做了什么？！

最后一项是土地工作计划。这是一个由农民组织的服务于有机农业的组织，主要的工作内容是组织每年的农夫市集，他们会和政府协商场地，农民可以免费参与市集。

越来越多的收获伴随着越来越多的快乐，我已经逐渐能从每天的劳动中发现快乐并享受快乐了。

什么是社区支持农业？

所有明码标价的东西，没有什么是神圣的。

——E.F. 舒马赫

到底什么是社区？社区所要支持的农业是什么样的农业？而农业又以什么形式回报社区呢？

到美国之后，让我最有感触的就是"社区"（**Community**）这个词，几乎周围所有的人在谈话之中都会提到这个词。到底什么是社区？为什么社区有这么重要的意义？社区是不是一个地理概念？

中国的传统农村是一个"熟人社会"，因为在农村，人口的流动性较低，而家家户户又居住在一个固定的村落范围内，人的活动范围也局限在这个区域内。农闲时，农民经常聚在一起唠嗑，盘着腿往土炕上一坐，说说东家长、西家短。于是，信息就流动起来了。这样一种"社会资本"对于中国传统农村社会是重要的，正因为我们彼此了解，所以可以彼此信任，比如农村中的借贷关系，我朝你家借点钱，咱们规定一个利率，不怕我不还，因为在这么多年的生活中，我们已经足够了解，我如果不还的话，我在村中的名声肯定就不好。

我所在的麦迪逊地区有 1700 多户社区居民，我感觉他们也是处在一个"半熟人社会"中。举两个例子：

有一次我和凯、安妮特去镇上的一个饭店吃饭，在整个吃饭的过程中，我们和几乎所有在餐馆吃饭的人打招呼，因为很多当地居民不喜欢自己做饭，便成为饭店的常客，而且她们两个在这个社区生活了 60 多年，自然和很多人都熟悉。

还有一件事情。一般来说，外国人在美国办理银行账户和信用卡都比较麻烦，因为银行无法在短期内考察你的信用，即使可以办理，也需要较多的个人资料，比如护照、社会安全号码、签证等。可是，当我试图在镇上的银行办理一张银行卡时，却出乎意料地顺利，银行说只需要凯的签名就可以了。镇上的这些机构也因为开办了多年，所以它们熟悉每一位客户以及他们的信用，因此，银行可能不会相信我，但是会相信凯。

于是，我想得出这样一个关于理想的社区的概念：

社区其实也是一种共同体，社区成员有着很多生活的交叉，并且以此形成了一个闭合的网状结构，社区也可以是有相同价值观的一个群体的组合。

那么，这个社区要支持的是什么样的农业呢？

首先，它是生态、健康、公平的有机农业；

其次，它是本地化的，新鲜的。

社区支持农业，其实就是一个消费者群体和单个或者群体的生产者由于相似或者相同的目的结合在一起，建立一个稳定的、长期的契约关系，支持本地的、有机的健康生产。而这种健康的生产方式就是有机农业。

有机农业其实也没有那么复杂和高深，英文 Organic（有机的）这个单词有"古代的"之意，中国几千年来的农耕文明几乎都是某种程度上的有机耕作，只是到近代工业化以来，我们开始将昆虫等凡是可能影响人类收获的均看作是"害虫"，将能除掉所有杂草的农药当作是"高科技"，将能迅速催长的化肥当作是"先进"。而现在中国农业几乎已经成为面源污染、立体污染的罪魁祸首了。有机农业、生态农业、永续农业、可持续农业，不要为这些概念所困惑，其实它们讲的都是一个道理——我们要吃健康的食物，同时还要让这种健康可持续。

当然，有机农业并不是复古的、倒退的农业形态，现代的有机农业并不

收获时节的西红柿

是孤立的，而是系统的、综合的、整体的、多样的。有机农业也从一开始就不简单地只是一个产业，而是一项社会事业，产业视角也只是有机农业运动的一个组成部分，而各种丰富多彩的参与形式，才能更加广泛地推动有机农业的进步和发展。

以下是 IFOAM（国际有机农业运动联盟）经过数年的讨论，给有机农业下的定义：

有机农业是一种生产系统，在这个系统内保持土壤、生态系统和人的可持续性。有机农业依赖于生态的过程、生物多样性和循环，因地制宜，而非使用达到相反效果的投入品。有机农业结合了传统、创新和科技三方面内容，让加入的人都能分享环境、公平的关系、良好的生计的益处。有机农业的三个基本原则，即：健康、生态、关爱、公平。

国际慢食运动（**Slow Food**）创始人佩特里尼也说过：即使你不用化学物质，你还是以大量生产某种单一品种的方式，消除了生物多样性（比如树林和其他植物），摧毁了环境。同样，如果你引入了与当地现有生态不相符的品种，也会对环境造成损害；它们可能是有机的，但是它们与环境不相融，可能会对环境造成严重毁坏。重要的不是技术，而是原则，即所选择的多样性会促使这个体系中的生态过程自我规范，能够自主地实施诸如营养再循环，或者虫害和疾病控制之类的手段。

有机农业、自然农业、永续农业、自然农法、生物动力农业等，这些都是一些不同的定义，选择哪种做法，很大程度上需要因地、因时、因势制宜，更为重要的是信息是否透明，消费者是否了解农民的生产方式。可以说，任何可以被定义的标准都是为了产业服务的，所以，只有当20世纪70年代中期美国有了对有机产业的需求后，原来已经存在了几十年的有机标签才正式进入产业流程。对于产业来说，标准当然是最低的准则，而对于 **IFOAM** 这样的国际有机农业运动组织来说，标准只是一个门槛，可以被标准化的当然也只有那些可以被测量的指标，而更多的比如"公平和关爱"的原则，则不能被做成标准。有机农业所涉及的学科范围非常之广，需要终身去追寻和学习，如：植物学、遗传学、物理学、化学、农学、生态学、人类学、社会学、政治学、经济学、烹调技术、生理学、医学等。2011年9月底由 **IFOAM** 在韩国召开的第17届世界有机农业大会的口号是 "**Organic Is Life**"（有机就是生活 / 生命），可见，有机农业已经远远超出了种植技术标准化的范畴。

地升农场没有经过有机认证，但是已经执行有机耕作十多年了。用的除虫药是天然的除虫菊素，非化学合成；肥料是虫粪便，在种植、移植、生长过程中都要施用，但用量非常少。这自然需要更多的劳动力来完成喷药、施

收获时节的南瓜

肥、除草的工作。从这一点上看,劳动密集型的 CSA 还是很适合在中国推广的。

正如人们所知,在农产品流通的环节中,很多利润被中间商获取了,而辛勤耕作一年的农民在这个过程中只能获取利润的 10% 甚至更少。社区支持农业就是将消费者和农民更直接地连接起来。社区支持农业有两种方式,一种是在种植季节之初,农民去联系当地的消费者,在蔬菜和水果收获时,农民将消费者预订的份额运送到一定的地点;另一种是消费者组成一个集体,去联系相应的农场。

美国 CSA 创始人罗宾·范·恩(Robyn Van En)将 CSA 概括为:

食品生产者 + 食品消费者 + 每一年的相互承诺 = CSA 和不可知的可能性。

CSA 的精髓在于生产者和消费者之间的彼此承诺、共担风险。从人类开始出现,人与土地就紧密地联系在一起,但是,随着社会的发展,人与土地的距离越来越远,越来越少的人知道自己餐桌上的食物从何而来。很多人从超市、食品店获取大量的食品。由于贸易变得自由了,大量的食品旅行数百英里、数千英里甚至数万英里来到消费者手里,农业的运输系统变成了能源密集型的系统,只有 10% 的石化燃料能源在世界食品系统中被用在食品生产环节,其他 90% 被用在包装、运输和营销上 [1]。

在 1993 年全美国范围的 CSA 调查中,蒂姆·莱尔德(Tim Laird)发现 79% 的 CSA 农场都是农民发起的,农民和消费者联合发起的占 6%,而消费者自己发起的仅占 5%。在形成这些 CSA 之前,49% 的农民都没有耕作的经验,而且这些人之前的工作也和农耕几乎没有联系。

(1) Asparagus to Zucchini Madison(WI) Area Community Supported Agriculture Coalition, John Hendrickson, 2007.

专栏 | **社区支持农业的好处**

对于份额成员

- 收到新鲜、无污染的有机蔬菜;
- 比超市的有机蔬菜低廉的价格;
- 知道食物从何而来,谁种植了这些蔬菜,有机会参与种植、了解种植的知识;
- 支持并保护本地农业和耕地,并且贡献了健康的本地经济;
- 更加了解自己与土地、农场生活,并且了解是它们使得我们有生存的可能。

对于农民

- 通过负责任、和谐的方式种植食物并获得可靠的收入,没有中间商;
- 知道自己的产品去向何方,感觉到更多的关心和责任;
- 免去销售的精力,可以更加关注于种植。

对于农场

- 免于有害耕作方式;
- 生物多样性更加丰富,土壤更加肥沃。

对于社区

- 保存了被工业发展快速侵蚀的家庭农场,更保护了社区环境的多样性;
- 当食品的收益还在社区内循环时,维护了社区的经济发展;
- 人与人之间更多地彼此了解和信任。

专栏 | 建立一个社区支持农业型农场 （CSA）的几个步骤

如果你想要参与一个 CSA，必须要考虑以下几点：

是否喜欢和人打交道，具有耐心；

做 CSA 农场一般需要给成员提供一个家庭所需要的各种蔬菜，因此，你需要种植各种蔬菜的经验；

如果没有梯队种植的经验，甚至没有任何农耕的经验，最好不要从第一年就开始做 CSA；

做 CSA 是一个长期而复杂的过程，既要和自然打交道，又要和人打交道，在复杂的中国乡村，外来人进入还需要和村里各式人物打交道；

最好是到一个正在做 CSA 的农场实习一年，不要认为自己是给别人做廉价劳动力，任何学习都是要付出的，在实习的时候一定要把自己放在学习的位置，也要考虑作为经营者该怎么办，保持一个良好的心态很重要；

良好的自我组织和群体组织能力；

认真考虑做 CSA 的目标是什么？生计，还是商业？更长远的目标是什么？如果只是追求短期的利润，建议做其他安排；

对所有已知的和未知的风险要有预期；

认知自己的所长，到底是做农民还是帮助建立农民和消费者之间关系的人，抑或只做一个共担风险的消费者。

以下是一些具体考虑的内容：

一、你的个人目标及可持续性

先问问自己：你为什么要做 CSA？仔细考虑这个模式是否适合你。CSA 的优势在于：稳定的市场、生产者与消费者彼此良好的关系、真正地在食物与人之间建立直接的联系；劣势在于：要种植大量不同品种的蔬菜，与大量不同的人打交道。

对于你来说，CSA 仅仅是一个商业模式还是意味着更广阔的视野，如：教育、社区构建、社会服务？CSA 本质上对于参与者是具有教育性的。永远都要考虑项目的可持续性，无论是商业还是你的生活，需要平衡时间、金钱、人力。

CSA 是你的事业的全部还是一小部分？

经营上的可持续是必需的，所以要有很好的预算、成本和收益预期。不必要将收益最大化作为目标，但成本的计算是必需的。其实简单地问利润多少，不如问问自己：每年预期收入多少；除了金钱上的收益外，还有哪些预期。

二、合作伙伴

这个问题对于有过创业经历的人来说应该都不陌生。无论是跟朋友、夫妻或者一个团队合作都要注意彼此之间清晰的预期。很多人对有机农业怀有憧憬，但做了一段时间后如跟预期不符会选择退出，或者团队内部会有争吵，要建立风险最低的退出机制以及解决矛盾的机制。

三、支持者

拥有可信赖的有经验的且乐于帮忙的顾问；

是否需要核心小组？有没有人愿意成为核心小组？是否愿意承担消费者一端的组织工作？一般来说，农民只需要专注于生产，核心小组将帮忙经营 CSA（配送、作物选择、定价、交流、拓展等），核心小组的工作人员有的会因此得到一些份额价格的折扣，但在有的 CSA 农场，每个成员都需要参与农场经营，因其是共同体，大家的劳动可以降低每个人的支付成本；

与其他种植者的联系；

信息支持：农业技术顾问，支持你的价值观的份额成员，那些愿意帮助你的人。

四、人的问题

那些加入你的 CSA 的人是认真对待他们的食物并且希望了解食物来源、农民是谁的人。对待会员,不是一般商业的方式。常规商业通过各种宣传媒介给予消费者需要不断购买和消费的假象,把消费者捧上天的真实目的,是希望他们能多消费,进而生产者多赚钱。CSA 成员和农民之间是互助互利的,你需要了解成员的家庭情况,并准备好与他们分享你的喜怒哀乐。

规章,这点非常重要。在合同中需要清晰地表明一些问题的规章:

1. 如果不取菜怎么办;2. 如果没有提前通知不在家,而菜已经送到,怎么办;3. 如何更改配送日期;4. 费用如何支付;5. 如果带孩子或者宠物来农场需要注意哪些问题;6. 彼此相互信任。这些规章要尽可能简明扼要。

五、交流

尽可能与你的会员分享你的理念和规章,很多人可能还了解得很有限;

宣传单:尽量简单地阐明你的想法以及他们可以采取的行动;

网站;

微博;

微信;

博客;

简报:通过简报传递给那些不了解农场工作的会员,农场发生了什么?这周配送的蔬菜有哪些?蔬菜的故事;菜谱;保存贴士;诗歌;等等,尽可能地以多种形式传达你的理念;

邀请会员来农场参观;

在精力许可的条件下,举办各种会员可参与的活动,这方面后勤非常重要。

六、营销

传单:所有可能经常被提到的问题都可以采用传单的形式回答。可以将这些传单放在健康食品商店、孩子经常光顾的地方、健身房、咖啡厅等地方;

媒体:很多电视台、报纸、杂志都很关注关于CSA的故事,可以尝试着和它们建立联系;

自己的网站以及与农场友好的团体网站;

各种团体:和已经形成的组织化的团体打交道可降低交易成本,例如,环保NGO、学校、俱乐部、教会、业主委员会,看是否可以跟它们一起做一场讲座;

寻求来买健康食材的餐厅,可以将其作为配送点或者宣传点;

农夫市集:也许销售不稳定,但因为每次都有新的面孔,可以作为很好的宣传渠道。

七、组织

支付系统、交流方式;

会员数据库和资料(姓名、电话、邮箱、份额方式、支付方式等);

建立会员临时变动的解决方法,如出国、度假、不在家等;

记录:1.这一年的种植计划及问题;2.作物品种的选择;3.天气、病虫害;4.每周配送问题摘要;5.农资支出;6.成本和收益。

CSA并不仅仅是一种直销模式,农民和消费者要共同努力建设一个他们可以共享的环境。有一些农场有核心成员,这些核心成员帮助农民组织和管理CSA的经营。

八、销售什么?如何销售?

份额形式:全份额/半份额/冬季份额/附加份额;

份额价格:计算生产的全部成本,包括农民的公平工资、生产资料、行政成本、折旧、土地租金等；同时还可以参考其他农场的价格。如果你希望纳入低收入群体，可以考虑边际付款方式，即计算好份额持平的价格，然后低收入群体可以付低于这个持平的价格，而部分份额可以支付高于这个持平的价格（这个方式不知道在中国是否合适？）。

在经济方面，一些农场将自己的预算公开给份额成员，而更多的农场则不公开。那些公开预算的农场一般都将预算数目除以份额成员个数得到份额价格。一些CSA农场根据产品的市场价格定价，将所有蔬菜的市场价格加总得到份额价格，还有一些农场根据产品的平均重量定价，然后决定每单位重量的产品的价格。还有一种定价方式是组合定价，因为有些蔬菜的工作量要高于其他蔬菜，所以找到一个标准单位，然后将每周的工作量转化为这个标准单位。

九、配送

农场取菜；

会员配送：有很多农场的会员会承担配送的任务；在中国，很多农场坚持自己配送，在配送中可以跟成员交流；

自己装箱：有些农场将成熟产品直接配送到配送点，如两箱西红柿、三箱黄瓜、五箱生菜等，给出本周取菜基础清单，还有哪些可以多取，哪些可以少取的提示，避免某些成员不喜欢吃某种菜而浪费，然后成员取菜时会根据自己的家庭需要取菜；

取菜点：阴凉、冷藏设备/交通是否方便/周围是否居住区/开放时间，等等；

其他农场的产品：是否提供其他生产者的产品、自然清洁产品等。

十、土地

如果本来就是有土地的农民，就要考虑长期的土地计划；

租地：土地合约、租赁时间、稳定性、土壤质量、灌溉、交通、电、储藏空间、土地的使用历史、土地周边的情况、设备等，这些都需要在土地的

合约上体现出来;

选取土地之后,最好做土壤检测,以便了解土壤的情况。

十一、种植

首先,需要有不同蔬菜的种植经验,这其中包括肥料经验、防治不同种病虫害的经验、不同蔬菜的储存和保鲜的经验等;其次,还需要统筹安排每种作物的种植时间和收获时间,因为不同的土壤温度和不同的天气条件决定每一种蔬菜的最优种植时间以及是否能够在承诺的运送周期内保证每一周都有足够量的蔬菜份额,还要在种植前安排好每一垄地种什么,一垄地与一垄地如何相互搭配能够更合理地利用土地面积,同时也能够更好地利用阳光和水分。另外,还要安排好续种的时间,有些蔬菜可以在间隔几周后再种一垄,目的是保持持续而稳定的提供。

对于 CSA 农场来说每一英亩的耕地一般可以提供 20 个份额成员的份额。Tim Laird(1995)在他的研究中提到,当那些 CSA 农场有一定经验的时候,他们就会尝试减少为每一个份额种植的蔬菜所占有的耕地。当 CSA 农场的规模从 3 个到 800 个份额成员间变化时,其机械化程度都不同。农场依赖的还是手工劳动。

种植的品种的多样性;

梯队种植(通过增加品种、梯队种植、移苗、直播等方式降低风险);

遵守健康的农业耕作方法:土壤构建生物防治、季节延续;

迎接病虫害和气候变化的挑战,并且做最坏的准备。

十二、劳动力

是否雇用其他劳动力?

你希望每天工作多久?

是否需要劳动份额?劳动份额的计划是什么?是否可以带孩子、宠物?

最低工作时间（在美国，劳动份额是指参与农场整个工作的份额成员）；

志愿者小组：学生、社区服务；

实习生：需要考虑住宿、吃饭、补贴、教育（最重要）；

可以考虑通过提供份额折扣，招募成员做销售、会计、配送、简报等工作。

在劳动力方面，很多 CSA 农场都是小型的家庭农场，还有一些 CSA 农场雇用劳动力，但是因为美国对于雇用劳动力有很严格的限制，比如医疗、保险、税等，所以，更多的 CSA 农场雇用实习生。实习生计划是这些 CSA 农场很重要的项目，因为 CSA 理念中很重要的一方面就是社区与农民的联系，这些实习生给农场带来了新鲜的血液，同时将会把自己在农场所学到的东西带到自己的社区。农场一般给实习生提供免费的住处和免费的食物，并会按周或者按月付工资。还有一些农场有工作份额，这就意味着每周这些份额成员需要工作一定的时间，由此可以获得一定的价格折扣。有些 CSA 农场将工作份额安排在劳动力密集的植物上，比如摘豆角。

十三、设备

现在在很多农业机械都有政策补贴，可以咨询当地拖拉机销售点，但购买大型农具需要考虑长短期的问题（但很多美国的农场主因为购买大型设备陷入负债的恶性循环）；

育苗盘；

各种工具；

防虫网；

黄板。

十四、作物管理

每周份额的重量、数量、品种、颜色搭配也需要在收获前有所计划；还有，在装箱之前，需要合理安排那些重量大、不怕压的蔬菜放在箱子底部（如洋白菜、甜菜、胡萝卜、洋葱等），而相对怕压的蔬菜放在箱子上部（如辣椒、绿叶蔬菜、茄子等）；

蔬菜清理区域；

收获和配送的容器；

储藏；

多余蔬菜的销售；

多余蔬菜的捐赠；

最坏收成的打算。

十五、保险

工作人员；

实习生。

十六、评估

成员的回访；

成员调查问卷；

每年工作对比。

参考资料：《分享收获：社区支持农业指导手册》

尼克、琼和我们三个实习生一起来了个"头脑风暴"，对我们这一年的 **CSA** 的收入和支出做了一个简单的预算。由于 **CSA** 这部分工作是在整个地升农场基金会下面开展的，整个基金会的预算非常复杂，包括养鸡的工作、**CSA** 和教室的修缮工作，所以，我们只简单地把 **CSA** 这部分工作的预算计算一下。

收入

全部份额成员的订购收入：$12920

销售蔬菜给食品店、农夫市集的收入：$500

冬季产品销售收入：$500

总收入约：$14000

支出

种子：$600

温室种植的土壤：$100

工具：$170

天然除虫素：$70

实习生补贴：$6500

食品：$1500

机器用油：$100

总支出约：$9000

所以，我们2008年 **CSA** 部分净收入应该在5000美元左右。在支出中还有很多属于整个农场的支出，没有算到 **CSA** 里边来，比如，水、机器购买等。我画了一个简单的图表示 **CSA** 收支情况。

如图，当份额成员数量在两条曲线交点左边时，也就是刚开始投入时，

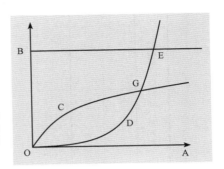

CSA 农场收支与份额成员数量的关系（ OA 表示 CSA 规模，OB 表示收支的多少，曲线 OC 表示支出，曲线 OD 表示收入，直线 E 表示一定规模的土地的承载力）

收入小于支出；当份额成员数量增多，而投入边际递减时，收入将大于支出。但，因为受土地面积、土地肥沃程度等的影响，当份额成员数量达到直线 E 时，将不经济。

地升农场的 CSA 份额分为 20 周运送，从 5 月底到 10 月初，份额成员每周都会收到一箱新鲜蔬菜，有五个取货点，分别为：阿波利顿、麦迪逊、米兰镇、蒙得维的亚、奥顿维勒。

全份额的价格为 460 美元，半份额 360 美元，半份额要多于全份额的一半，大约是全份额的 3/4。预定需要交 100 美元，并最迟在 3 月 1 日前将所有的订款汇到农场。还可以选择附加品：

鸡蛋。是地升农场中安妮特负责的业务，地升农场中约有 150 只鸡。安妮特帮助组织成立了西南部家禽合作社，她负责每周将参与这个合作社的鸡蛋运到地升，然后再统一分配到订货的饭店、超市和个人。这些鸡都是散养的，也喂一些粮食饲料，但是不含有抗生素。价格是每周份额 46 美元（共 20 周），双周份额 23 美元（共 10 周）；

面包。每周份额 60 美元（共 20 周），双周份额 30 美元（共 10 周）。

地升农场收获日历

	5月	6月	7月	8月	9月	10月
芦笋（Asparagus）	■					
大黄（Rhubarb）	■					
水萝卜（Radishes）		■				
菠菜（Spinach）		■				
生菜（Lettuce）		■				
豆角（Peas）		■				
洋葱（Onions）				■		
西蓝花（Broccoli）			■			
甜菜（Beets）			■	■		
辣椒（Peppers）			■	■		
西葫芦（Summer Squash）			■	■		

菜花 (Cauliflower)	大头菜 (Kohlrabi)	豌豆 (Green Beans)	黄瓜 (Cucumbers)	香草 (Assorted Herbs)	羽衣甘蓝 (Kale)	茄子 (Eggplant)	胡萝卜 (Carrots)	西红柿 (Tomatoes)	土豆 (Potatoes)	哈密瓜 (Cantaloupe)	西瓜 (Watermelon)	冬瓜 (Winter Squash)	南瓜 (Pumpkins)

> 美国未来将全都是州际型购物中心。
> 这一切都是因为你的父母不能再自己做
> 西红柿罐头。
>
> ——凯利森·凯勒

厨艺交响曲

在农场工作，每天中午吃饭都是一种乐趣，劳累了一上午可以在吃饭的时候休息一下；而且，在一周的工作之中，我们几个人每天轮流做饭，每一天你都可以品尝到不同人的手艺，在这个过程中，我们享受食物带给我们的惊喜，我们感谢食物带给我们生命。

终于轮到我做饭了。中国人的饮食习惯中，饺子是每逢家人团聚、节日、朋友聚会的时候才会吃的。所以我决定做一顿饺子，希望以此表达我对大家的谢意，也希望能让农场的人更多地了解中国的饮食文化。无形中，为了做好这顿饭，我有了很大的压力。每次在家包饺子时，我都是帮忙擀皮或者包，从来没有把和面、做饺子馅儿到煮饺子的整个流程做完过。我只能打电话给专家——我妈，询问包饺子的流程。妈妈说包胡萝卜羊肉的或者猪肉豆角的吧，吃起来会很香。

周三晚上下班后，我就开始为这顿饭做准备，因为这边很少吃羊肉，所以我决定做猪肉豆角馅儿的。把豆角切好，把面和好，周四上午就可以节省点时间。

周四终于来到了，10:45 我开始准备这顿饭，一直到下午 1:30 大家才吃上这顿饺子，这几个小时中又发生了一些故事，几个尴尬事件，为这顿饺子宴平添了很多乐趣，听我道来：

尴尬一：没有新鲜豆角，只有去年的豆角罐头（他们习惯将上一年的蔬菜用罐头保存或者在冰箱冷冻保存）；当我取了三瓶豆角罐头剁烂之后，发现水分太多了，而这边又没有挤汁的那种布，我只能用手一点一点地攥了。

尴尬二：猪肉的品种太多了。在冰箱里我找到大量的冻肉，又分为猪肋骨、猪肉酱、熏肉、腌肉……看得我眼花缭乱，最后选了一种肥瘦结合的猪排。切这块肉就耗费了我很大的力气，后来我才知道当时应该选用那种已经搅碎冻好的猪肉。

尴尬三：这里的刀像中国的水果刀一样，长、薄、窄。为了把那一大块肉剁烂，我用了一个多小时，最后，因为一直握着刀，又得使劲地剁肉馅，手都疼了。

尴尬四：和面时我选择了一种普通面粉，上面写着 unbleached flour（未被漂白的面粉），我没有理解是什么意思，和面之前我觉得这种面粉还挺白的，结果我越和越觉得不对劲，这饺子包出来都成黑的了。

尴尬五：正当一切陷入混乱时，时间已经到 12 点了，我刚刚把面和馅儿都做好。突然又进来了一对夫妻，他们两个第一次见到我，特别热情，问东问西，因为男的以前在一家亚洲餐馆工作过，还跟我探讨中国饮食文化。我手忙脚乱地擀皮，同时还要三心二意地听他们说话，并附和他们说的内容，招呼他们，几乎快晕倒了，真不知道这顿饭还能不能做成。

尴尬六：农场的习惯是中午 12 点吃饭，可我无论如何也不能按时完成，其间，他们几个也来厨房看我是不是做好了，却没有人给我帮忙，又都回去干活了。后来，我只好大胆地起用一个男生来帮助我擀皮，他很热情地接受了，并很认真地工作，虽然擀出来的皮有三角形、菱形、不规则图形等，但经过我的修饰都还能用。这节省了我不少时间。

尴尬七：皮太厚了，大概有三四毫米厚，煮的时候要添四次水才能煮熟。

尴尬八：我按照平时 6 个人吃饭的数量包的饺子，结果夫妻两个在我的邀请下很爽快地答应留下吃饭，吃饭中途又来了一个客人，共 9 个

大家一起吃饺子

人吃这 70 个饺子，幸好他们有饭后吃甜点的习惯，还都吃饱了，也幸好饺子个儿大。

最后，饺子终于成型了，我们在下午 1:30 才吃上了这顿饺子，而且这些饺子都很完整。我教给他们在盘子里放点酱油、醋、蒜，他们呢，因为都很饿了，吃着也都很香。用刀叉吃饺子很不方便，尼克就用手拿着饺子蘸醋吃，我笑得前仰后合。

饺子虽然难看，味道也不算好，但感觉却是甜滋滋的，饺子也被一扫而光……这里的生活，时时都是挑战，处处都有新鲜。生活不就是这样的吗？

种植食物的系统如果能和吃饭的时间、背景、人联结起来，这就可以称之为饮食文化了。地升农场特别重视教给我们这些年轻人食物贮藏、制作的方法。

　　我以前并不喜欢吃甜食，刚到农场时很难适应几乎每顿饭后都有甜点的习惯，开始吃饭的时候就吃得很饱，再吃甜点就觉得很难受。但时间长了，却喜欢上了甜食，因为那已经变成了我们的餐桌文化的一部分。有一句俗话：美国人就像美国派（As American as American apple pie）。美国人似乎天生就有对甜品的敏感和喜爱。每一顿饭，在主餐之后，他们都会吃一些甜点，而且每个人都能做很好吃的甜点。例如，普遍受欢迎的巧克力饼干（Chocolate Chips Cookies）。直到我过生日时，琼说要给我做一次特殊的甜点代替蛋糕，问我想要什么？我选择了盐渍坚果轧辊（salted nut roll）。生日聚会时，一个朋友对我说："石嫣，你说你不爱吃甜点，可是你选择的这个甜点也太甜了。"

　　我还很喜欢做各种罐头的课程。凯给我们上了一堂制作草莓酱和酸奶的课。说起草莓，我们农场有一小片草莓地，草莓已经成熟三周了，每天中午吃完饭，我们都要先摘草莓。摘草莓也是一种乐趣，开始时基本上都是边摘边吃，但是随着成熟的草莓越来越多，再摘的时候就不想吃了，于是一部分草莓摘下来做草莓酱，一部分留在地里当作鸡的美食。

我在草莓地摘草莓

专栏 | 如何制作草莓酱

1. 将草莓洗净后压烂成糊状；

2. 按 1 份草莓 7 份糖的比例在锅中混合（糖可依个人喜好增减）；

3. 将锅加热至草莓糊沸腾后加入一种黏稠剂（为了使草莓酱更黏稠，也可不加）；

4. 将已经准备好的瓶子洗净，将加热好的草莓糊倒入，盖上瓶盖；

5. 将盖好的草莓酱放到一个锅里，锅底倒入适量水，加热至水沸腾，10 分钟后将草莓酱取出；

6. 将草莓酱放置阴凉处冷却即可食用。

如何制作酸奶

1. 将鲜奶倒入锅中，中火加热到 80℃，加热的同时不断搅拌；

2. 将鲜奶倒入玻璃瓶中，将玻璃瓶放到一个盛有凉水的盆中，待玻璃瓶中的鲜奶冷却到 40℃，同时不断搅拌；

3. 将玻璃瓶取出，分别向鲜奶中加入几勺以前买的或者做的酸奶；

4. 盖好瓶盖后，将玻璃瓶放入一个小纸箱中，玻璃瓶周围用毛巾包好，同时在几个瓶子中间放一玻璃瓶热水；

5. 将纸箱盖好，放置阴凉处 4 小时 45 分钟后，取出玻璃瓶，放到冰箱冷藏即可。

很简单吧？试试看！你会发现自己的手艺其实也不错，而且吃起来更香了。

制作比萨的工作坊

　　凯经常说，我们欢迎社区每个人参与我们的午饭。的确也是这样，有很多平时到农场办事的人都被我们留下与我们共进午餐。在我看来，这也体现了农场社区建设中的教育理念，因为很多平时来农场干活的人都不注重食物的重要性，尤其是像木匠乔伊（Joey）这样的人，他平时在外面干活，为了赶进度，可能午饭就吃个汉堡。快餐和垃圾食品是美国人患肥胖症的重要原因，因为越来越多的美国人不自己做饭，不再关心自己吃的东西，而快餐相对来说速度快又便宜。参与我们午饭的人，可以知道我们的食物是从何而来的——所有的蔬菜都来源于农场，而且，每一种菜都是当天的厨师用心烹制的。在农场吃过饭的人能明显地感觉到农场的饭菜和快餐的不同，于是，这顿饭就起到了教育作用，人们会更加感恩种植和烹制食物的人，更珍惜食物的来之不易，这也叫作食育。

　　每顿饭前，凯都会带领着做祷告，感谢阳光、水、土壤给予我们食物，感谢种植了这些蔬菜的人，还要感谢今天的厨师的精心准备，有时候她还会吟诵一首关于农业和爱的小诗。来美国之前，克劳迪亚特意在邮件里提醒我，农场饭前要祷告，不要不适应。后来我感觉到，很多时候我们把别人的帮助或大自然的恩赐看作是理所当然，于是，挥霍、不珍惜，将享乐放在第一位，殊不知，我们享乐得太多，付出得太少。能在饭前带着一份感恩的心，这才是祷告对于我最重要的意义。每次吃完饭后，我们轮流刷碗、收拾桌子。

生命需要被服务。醒来，起床下地，在寒冷的屋子里穿上衣服，在星空下来到谷仓，为饥饿的人们祈祷，在黑暗中简陋的天棚下呼吸，喂养那些供养我们的生命。

——温德尔·韩瑞

第一次配送蔬菜

6月份一开始，我们就要进入 CSA 的份额配送季节了。我们常常开玩笑说，夏天来了，夏天很快就走了。一个生活在这里50多年的农民说，这些年都没遇到过像今年这么反常的季节。都到6月份了，我还常常穿着棉衣，这哪里是夏天？

地升农场这一年度有33个份额成员，分布在周边的五个社区，每周四是我们的配送日，周一到周三是种植和收获、清洗、打包的时间。每一个份额成员都有三个相同的箱子，每次我们将本周的收获放进去并准时运送到固定地点之后，这些份额成员将到指定地点取他们的箱子，下一周再取时将上一周的箱子放回到这个地方。在每周的箱子里面我们还会放上一封这一周的简报。

简报是我们与份额成员沟通的桥梁。简报中分为几个部分，一部分是对本周箱子里的蔬菜的介绍；第二部分是对其中一种蔬菜做详细的介绍，例如这种蔬菜的历史；第三部分是对农场过去一周发生的事件的总结，还会预报一些下周农场将有的活动；第四部分会介绍几种蔬菜的保鲜方式，因为有很多人不知道蔬菜该如何保存；最后一部分则是针对这周某一种蔬菜的菜谱。

尼克说每年第一次运送蔬菜，都有很多料想不到的事情发生。今年的第一次同样也如此。

收菠菜

第一次运送前，尼克把冷藏室的温度调到了蔬菜保鲜需要的温度，这是今年第一次使用冷藏室。周三下午，我们把箱子都装好，放到冷藏室里。周四上午运送完一部分。中午吃饭前，琼突然跑进厨房很难过地对我们说，剩下的箱子里的菜都冻坏了，可能是冷藏室的温度没有调好，也可能是冷藏室坏了。接着，尼克和凯也赶紧跑到冷藏室去查看。这顿饭我们都没有吃好，吃饭的时候一直在讨论并决定尽可能地补救这次损失。剩下的没有运送的箱子里的芦笋都替换成新鲜的，上午已经运送了的要挨家挨户打电话道歉。琼

64

第一周的蔬菜箱子。第一周的菜很少，只有芦笋、菠菜和生菜，还有农场做的面包和鸡蛋

负责打电话，能感觉到她的那种深深的歉疚。

　　这件事发生的时候，我还对他们的这些表现有些不解，甚至觉得是"小题大做"。可是，随着时间的流逝，再回想这件事情，就发现，这并不是"小题"而是"大题"，这道大题就是我们对于份额成员深深的责任感，这也是份额成员愿意预付费用的原因，也是建立信任的基础。

有机农场之旅

健康原则：有机农业应该保持并提高土壤、植物、动物、人类和地球作为一个不可分割的整体的健康程度。

生态原则：有机农业应该以现实中的生态系统和周期为基础，与之协调工作，并且协助它们更可持续。

公平原则：有机农业应该确保一般环境和生命机会公平的关系。

关爱原则：有机农业应该在一种预防性和负责任的态度下经营，保护当前和未来每一代人以及环境的健康及良好的状态。

——2005年国际有机农业运动联盟（IFOAM）基本准则

6月份我参加了由明尼苏达州的可持续农业协会组织的一次农场参观。这次我们参观的农场叫作卡利欧农场（Kalliro Farm）。艾米（Amy）和她丈夫保罗（Paul）买下这个农场已经7年了，农场面积70多英亩。请大家跟随我一起进行这次农场之旅吧！

卡利欧农场主要种植苹果，花盆里都是一些经过嫁接的苹果幼苗。一棵苹果的幼苗经过4～5年的时间才能长大结果实。因为不施用农药，他们种的品种都比较矮小，这样方便发现树上的病虫害。他们还有一个简易的鸡棚，每周移动鸡棚，这样，在养鸡的同时，鸡的粪便也给树木施了肥料，鸡还可以不断吃地里长出来的新草，起到了除草的作用，我给这个装置起名为"除草鸡"。后来我们再去月亮石农场时，发现他们的一个实习生在这次参观后便在自己的农场制作了一个类似的鸡棚。

卡利欧农场的猪，见到我们这么多人来，很快就聚集过来

　　农场里的猪都很可爱，见到我们这么多人来，很快就聚集过来。它们的鼻子上都有一个环，为的是不让它们吃草根。

　　第二家参观的农场是珍妮（Jane）和马克（Mark）的湖边农场，他们夫妻两个人在农场里种植各种各样的瓜。这个农场的视野很辽阔，房子所在的位置正好是一个小山坡，从山坡望下去是满眼的绿，让人只想坐在树下的草坪上待上一整天，只是静静地望着远方的湖水。

　　农场里有个小的汽车旅馆，我和安妮特在里边一起看了会儿书，阳光从窗户照进来，屋子里暖暖的，没有任何噪声，安妮特看着看着就睡着了。我看的那本书叫《动物庄园》（*Animal Farm*），读着这个有趣的故事，感受着柔和而温暖的阳光，看安妮特睡得那么香甜，我也想小睡一下，可能会梦到自己到哪个动物庄园中去了。也许未来可以以我的故事拍摄一个蔬菜庄园的动画片———一棵中国大白菜是如何远渡重洋最终融入庄园生活的故事。

第三个农场被我称为动物园农场，因为这个农场有很多动物，甚至还有我在动物园都没见过的动物。主人是约翰（John），第一次见他是在农场一起听杜温的课，他特别积极地参加讨论。后来，经常看到他来农场，每次来农场都是主动地一边帮我们干活一边说话。因为农场平时会来很多人，只要一说话就会耽误很多工作时间，所以我们特别感谢他的理解。约翰问我和艾拉："你们见过真正的牛仔吗？今天就会有我的两个牛仔朋友过来帮忙。"

我们那天的任务，就是帮助他和他的两个牛仔朋友，将一群牛从一片草地赶到距离两千米左右的另一块草地。在开始之前，难以想象如何把一群在400英亩的草地上吃草的牛集合在一起，然后带领它们在公路上走很远的距离，到达另一片草地。

看我们是怎么做的：

首先，我们将一辆装有干草的卡车停在草地上的牛群中间。这时候很有意思的是，所有的牛都主动朝车的方向走来，有很多牛妈妈带着自己的孩子，有一头小牛才两天大。

卡利欧农场

湖边农场

然后，我们缓缓开动这辆卡车，同时两个牛仔骑着马驱赶那些想离群的牛，直到把它们全部赶到公路上。约翰同时开着摩托车赶牛。之后，它们就会跟着这辆卡车一路小跑，一直到达目的地。

任务完成了，我好好打量了这两个骑着马在草原上驱赶牛群的牛仔。这时，他们每人正拿着一瓶啤酒在喝，都戴着棒球帽，穿着衬衣、牛仔裤，强壮阳刚，可是跟陌生人说起话来还有点羞涩。我问两个牛仔："你们将骑马当作一种交通方式吗？"他们哈哈笑了起来，说："不！只是在需要时才用。"

中午的时候，我已经筋疲力尽了，就回家休息，于是错过了下午杀猪和阉割猪的过程。艾拉一直都在参与，回来后给我讲述了她的经历。她说，现在越来越多的素食主义者不吃肉不是因为他们不爱吃肉，而是因为他们知道这些动物在生前是如何被对待的，比如现在很多大规模养殖厂，每天只是给这些动物喂饲料，甚至添加一些化学药品催肥、催长，这些动物被屠宰之后再进入人的饭桌，可想而知是不健康的。艾拉说，当时约翰抓住一头小猪之后，她拿着枪对准小猪的眉心，扣动扳机，小猪动弹了几下，就再也不挣扎了。她说，想到那头猪五个小时前活蹦乱跳的样子，以及它挣扎时候的痛苦，最后她也快坚持不住要晕倒了。可是，经历过这些过程后再吃这些肉时，她感到与它们有更多的联系，因为她知道这些肉从何而来。她告诉自己，人类要生存，需要宰杀这些动物，这是自然的法则，虽然看着一个生命死去是残酷的，但是至少知道它们生前是健康的、被善待了的。有人说，如果每个人都去参与屠宰动物的过程的话，可能很多人都会变为素食主义者。我不知道如果我中午留下来，会不会选择去参与这样一个过程，因为我不知道我有没有这种面对生死瞬间的胆量。

再去约翰的农场，是帮助他给牛注射疫苗、给小牛做标记。这一次，我第一次如此近距离地接触一个未出生的生命。

将这群牛（只有母牛和小牛）从草场上赶到一个小栅栏后，我们和约翰及他的女儿四个人开始流水做业，给它们注射疫苗。那些年龄大点的母牛对

动物园农场的动物

这个流程很熟悉，没有太多的反抗，甚至很愉快地完成了这一过程。有一些年轻一点的母牛脾气很暴躁，不断地反抗。

给小牛做标记，一方面是记录它们是公的还是母的，另一方面也是要看它们是不是头上长了角。每只小牛都会在耳朵上钉一个绿色的标签，上面有属于它们的唯一的编号。当把这些小牛放回去后，它们马上就会找到各自的妈妈喝奶，然后我们就可以记录下来母子/女关系了，相应地把小牛的妈妈的标号也记录下来。

约翰突然问我们："你们想不想摸摸小牛？我女儿四岁的时候我就让她摸过。可是很多人养了一辈子牛也没有这样的经历。"他先给我们做了个示范，然后艾拉先尝试了一次，轮到我时，虽然我有点害怕，不过还是决定要体验一下。

我先戴上一只很长的塑料手套，在手上摸了一些肥皂水。刚开始从这只母牛的肛门伸进去时，感觉很困难，因为它也在不断地使劲向外挤，后来我给大家叙述这个过程的时候，他们笑得前仰后合。我说："这只母牛可能不知道那是什么东西，以为是自己的屎，所以很用力地向外挤。"我觉得我已经使了很大劲往里伸了，但又怕伤害了母牛妈妈。约翰告诉我还要用力向里

牛仔赶牛

牛仔教我骑马

伸，我的胳膊终于伸了进去。牛的身体内部温度很高，我感觉自己整个手臂都很热。然后继续往里、往下，终于摸到了那头小牛。虽然约翰告诉我他摸到了小牛的头和脚，我却没有那么清晰的感受，但还是很激动。手拿出来的时候粘了很多牛粪，约翰说那不过就是水和草，一点都不脏。第一次我离一个新生命这么近。

这些有机农场虽然有很多不同点，比如规模、种养殖的动植物、使命等，但它们的出现都有一个共同的背景：那就是对生态环境日益恶化的关注和反思。

19世纪30年代到70年代，土壤养分的流失和肥沃程度的下降在北美洲和欧洲作为生态的核心问题被关注。随之而来的是现代土壤科学的出现、

给小牛做标记

合成肥料的逐步引进以及为可持续农业的发展而展开的激烈讨论。

19 世纪二三十年代的英国开始关注土壤的贫瘠化，从而导致了对肥料需求的增长。骨头的进口从 1823 年的 14400 磅增长到 1837 年的 254600 磅，第一船秘鲁的鸟粪在 1835 年到达利物浦，到 1841 年达到了 1700 吨，1847 年为 220000 吨 。现代土壤科学发端于农业资本化时期对于土壤肥料需求的快速增长，这场危机中一个中心人物就是德国的化学家李比希（Liebig）。1840 年李比希完成了《有机化学》一书，在书中他提供了关于对土壤养分，如氮、磷、钾最可信的解释。他的发现首先加剧了资本主义农业的危机，使得农民了解到土壤中矿物元素成分的减少和肥料的不足。与此同时，秘鲁的鸟粪供给在 19 世纪 60 年代耗尽，取而代之的是智利的硝酸盐。钾盐和磷酸盐更易获取，但直到 1913 年发现合成氮肥之前，氮肥的获取还受到很大限制。

从 20 世纪中期开始，由于依赖合成化学药品的投入致使生态遭破坏再一次受到越来越多的人的关注。首先，"二战"之后出现了廉价的氮肥。氮肥和炸药具有相同的生产过程，因此，"二战"结束后，大批量制造氮肥的能力得以提升。而且，许多在农业中使用的农药都起源于为军事目的生产的脱叶剂和神经元。伴随着氮肥的广泛获取，农场不再依赖于豆类作物来提供肥料。一旦没有了这种需求，农场很容易地就会成为专业的作物生产或牲畜生产基地；第二，随着农业生产、加工、销售的集中度的增加，公司鼓励在加工设备附近养殖动物，他们会选取环境法律不严格、工会活动少和低工资的地区，同时增加品牌产品统一化，这些产品可能是公司自己生产，也可能是在严格限定操作规程下的其他农场生产的。这些动物生产逐步集中在某一个区域内。这种发展导致了 20 世纪后期人与土地的分离，牲畜与土地的分离，生态多样性被破坏，进而引发很多生态问题。土壤由于多年种植同一种作物，其营养不断地被破坏；由于施用大量的化学药品，如化肥、农药、除草剂，土壤中的氮元素成分不断提高，而随着雨水和灌溉系统，这些化学成分随着地表径流流入河流和湖泊，从而造成了难以控制的面源污染。

这之后，大概从 20 世纪 20 年代开始，一些人开始反思农业的资本化与人类、自然环境的关系，并进而形成有机农业的思想体系，与此同时，工业化农业进一步加剧了食品安全和环境危机，有机农产品成为越来越多的消费者的选择，当然也就激发了产业资本对有机食品利润的看重。一直到 20 世纪 70 年代，美国农业部开始规范有机农业这一行业，并颁布了有机农业国家标准。然而至今，人们对于有机农业还是存在四大困惑。

困惑一：有机食
品是否更安全？

> 人类对地球造成的最大祸害，还
> 有因此对自身造成的最大威胁，都来
> 自农业。
>
> ——詹姆斯·拉夫罗克

很多人开始了解有机食品应该都是从食品安全的角度考虑，因为现在的食品安全问题屡出，人作为杂食动物，我们吃每一顿饭前都需要考虑我们要吃什么？素食还是肉食？什么是可以吃的？因此有机食品作为一种替代性食品，就成为一部分认真思索自己在吃什么的人的选择。而此时，也有人会认为吃有机食品不一定好，因为食物并不像化妆品有立竿见影的效果。通过检测，在常规农产品中可以发现致癌物质、神经毒素以及内分泌干扰物质，但仍然无法证明这些微量有毒物质有害于我们的健康，就像有人说的："吃了反正又不会立刻死。"当然，这并不能证明这些物质不会引发疾病，只是这方面的研究实在太少，特别是这些化学物质对于儿童的影响。

我们已经知道，暴露在内分泌干扰物（也称为环境激素）中所造成的生物性影响，大多数取决于暴露的时机而非剂量，因此，致力于减少孩童暴露于这些化学制剂的机会，是较为谨慎的做法。当然，剂量也很关键。例如一种叫作草脱净的农药，它是一种普遍喷洒于玉米田的除草剂。科学家已经证明，暴露于此除草剂中，即使分量极低（百亿分之一），也能让一只雄性蛙转变成雌雄同体的阴阳蛙。

有机食品的营养成分与常规食品相比又如何呢？这难免就需要用到检测数据，但目前能够看到的科学的检测数据很少，至少这些数据没有交代检测提取样本的基本信息，因为农产品的生产涉及很复杂的变量，如地区、气候、土壤、新鲜程度、农耕方式等，找到在这些变量基本相同的条件下的农产品再进行测量就很关键。"橘生淮南则为橘，生于淮北则为枳。"每个地方的物候特征不同，出产的农产品品质就不同。因此，简单地测量有机和非有机橘子的营养元素含量，是没有太大参考价值的。

加州大学戴维斯分校的研究人员在 2003 年的《农业和食品化学期刊》上发表了一篇文章，其中描述了一个实验：同一品种的玉米、草莓及黑莓，以不同方法种植在相邻的两块土地上。研究结果发现，以有机和其他永续方式栽种的玉米、草莓及黑莓，所含维生素 C 与各类多酚的浓度明显较高（多酚类物质是植物的次级代谢产品，最近人们才知道它在人类健康与营养上扮演着重要的角色）。

人类营养研究的第一阶段是在 19 世纪初期。当时科学家认为人体必需的主要营养元素就是蛋白质、碳水化合物以及脂肪。后来营养学研究发现这三种主要元素并不足以维持人体的健康，因为维生素也是关键之一。现在，我们又知道了植物中的多酚类物质的作用。这也就是尽管各种加工食品中添加各种维生素，其营养成分也不能和新鲜食物相比的原因。看来我们对于植物的世界了解得还太少太少，不知道还有什么关键的东西是我们没发现的。

戴维斯的研究者们告诉我们，关于有机种植方式导致多酚类物质较多的原因可能在于，为了抵御病虫害的侵蚀，植物就会产生更多的多酚类物质。谁能猜到，人类竟然发明了剥夺自己取得这种营养元素的杀虫剂？

很有意思的是，将人体所需物质简化为三种主要成分的德国化学家李比希同时也是将土壤成分简化为氮、磷、钾的带头人。可是土壤的健康并不是只取决于这三种元素，这样的土壤不能提供植物制造维生素 C 或者茄红素、白藜芦醇这类物质所需要的原料。而许多多酚类物质恰巧有助于水果和蔬菜形成各自特有的风味。

可见，对于土壤、植物、动物以及人的健康，不能单一地偏重某一方面的研究，而应该作为一个复杂的课题来讨论。这里需要注意的一个问题是，如果你相信的是具有有机标签的产品，而它们很有可能是经历了长途运输、大量加工而来的，那么，营养物质有可能在抵达餐桌前就已经消失殆尽了（这部分我将在困惑二中详细论述）。

当然，有机食品的生产过程没有使用化学肥料和杀虫剂、除草剂，在某种程度上保护了环境，至少我们的农民不需要再吸入和接触到这些影响人体健康的化学品，至少我们的昆虫和鸟儿、青蛙不再受到不必要的伤害。从这方面来看，有机食品对环境也是健康的。整体来看，以有机方式制造食物所消耗的化石能源数量大致比非有机的方式减少 1/3。然而，用来喂饱我们的能源中，只有 1/5 的能量消耗在农场本身，其他都花在食品加工与运送过程中了。今天，在美国的常规系统中，生产 1 单位的食物热量需要 1 单位的化石燃料，1 单位的食物热量运抵家庭餐盘中需要 7 ~ 10 单位的化石燃料。有的有机农场同样需要大范围运输肥料和产品，与此同时，机械除草需要更多地翻耕土地、鸡啄食草根、鸡粪太热而使土壤板结，这些因素都有可能破坏表层土壤。

到这里，有机食品是否更健康似乎变成了一个非常庞杂的问题，但面对各种不同的对有机产品是否健康的质疑，心中的困惑似乎清晰了许多。自然逻辑早已被证明与资本主义的逻辑冲突！

全食超市和沃尔玛超市没有什么不同，这二者皆是全球化经济成长下的一部分，而全球化经济就是把其所触及之物全部转换成商品，并将其触角延伸至世界上任何一个可以制造出最廉价食品的地方，然后，再将食品运往任何一个能高价卖出的地方。

——迈克·波伦

困惑二：什么样的产品叫有机食品？

我真正开始对有机食品感兴趣，是从 2008 年到地升农场干了半年农活之后开始的。每天日出而作、日落而息，每天出现在我眼前的就是那一片黑土地。于是，这段时间我开始思考在土地上的工作，也开始更多地发现这看似有些枯燥的生活的快乐。

从种子到餐桌

刚育好的苗要从温室中拿出来，先要在室外的一个避风处"锻炼"一周，之后它们才能真正到大田里；农场经理教给我们如何轻抚小苗的头部，让它们感受风吹拂的力量；从 4 月到 6 月，等待着新鲜蔬菜慢慢长大，每周几乎都有一半时间在除草，开始我还带着手套，后来嫌麻烦就直接用手拔了。第一箱蔬菜仅有生菜、芦笋和菠菜，颜色和品种都非常单调，直到 7 月中旬，大量的蔬菜出来了。那个时候最喜欢的工作就是摘小西红柿，基本上摘完了，也就吃饱了。9 月中旬开始有些菜基本收获完了，土地又开始逐渐恢复 4 月时的平静。在农场，每天上午劳动到 12 点的时候，便盼望着午饭时间，全体农场工作人员围坐在桌子边上，先是感谢自然给予我们的阳光、水等资源，然后还要感谢劳动者和这一天的厨师（农场每天一个人轮流做饭），之后，就开始吃饭了。这样一顿饭因为饱含了自然的给予、我们在土

温室里的小苗

一周时间，这些植物似乎就长高了很多，温室很快就满了，然后移苗到大田里，再育苗，
形成梯队的种植计划安排

地上的劳动以及厨师烹饪的劳动，就让那一粒我们播下的种子，从田园到餐桌的过程全部展现在我们的眼前。

在土地上工作和生活

在土地上劳动时没有手机和网络，这样生活了半年，发现自己期待每天劳动回家后听录音电话中家人的询问，也感受到每天和农场的朋友面对面交流的快乐。每天的时间似乎也多了起来，没有电视，可以晚饭后读书、写作，还可以参加当地有机农民社区组织的"泥胶鞋乐队"，躺在土地上敲鼓时可以感受到这种生活和劳动的节奏竟然就是音乐。

农场有严格的垃圾分类系统，所有的厨余垃圾都是可以堆肥后回归大地的。农场没有新鲜蔬菜的时候，会尽可能地吃去年做的罐头和冬储蔬菜，等到蔬菜盛产的季节时，厨房的两张大桌子就都堆满了西红柿，这个时候我们就开始为冬季做准备了，西红柿要做成各种不同的西红柿酱，有些蔬菜直接切片冷冻起来，有些则需要焯水后再冷冻。

在农场的生活需要系统性，还需要发挥人类的智慧。一个农民，既得是种地的好把式，还要尽可能自己制作面包、比萨、酸奶、草莓酱等这些农业加工品；农民还是一个工程师，一定要知道如何修理机械、如何手工制作一些工具；农民还是一个艺术家，懂得如何规划整个农场的景观；最后还要了解如何将自己的产品销售出去。

绕了一个大圈子，言归正传，有机食品的概念到底该如何理解呢？

美国的有机运动创始人之一罗代尔和英国的有机运动创始人之一霍华德最初所提出的有机农业的概念，其背景是当时的资本主义工业化农业体系所产生的生态危机和食品安全危机，更深层次的是，工业化的农业体系加速了整个农村社区的衰败。工业化的农业体系就是指在如美国、加拿大、澳大利亚等国家中大规模、单一化的种植，用大型机械替代劳动力。在这样的体系下，农场主必须扩大农场面积，才能维持生计，于是，农村的人口越来越少，进而本地经济受到影响。而与此同时，大规模、单一化种植就需要使用化学化的种植方式，大量施用农药、化肥，这些化学品的生产正是建立在石油化工的基础上的。更进一步，农产品的大规模长途运输，同样也消耗了大量的能源。因此可以说，我们现有的工业化的农业体系和全球化的食品体系依赖于石油，也可以叫作石油农业。

这样一个体系长期来看是不可持续的，结果可能就如马克思所说："资本生产不断侵蚀了财富本来的来源——土壤和工人。"

有机运动的创始人希望能够找到一种可以替代石油农业的农业生产方式，有机农业应运而生。有机农业的生产中不使用人工合成的化肥和农药，养殖过程中不用添加剂，同时还注重轮作、覆盖等技术，以及绿肥、堆肥等全方面增强土壤有机质的方法；在对待"害虫"的态度上，强调生态链条的完整性，认识到：很多昆虫都在这个链条中起着很重要的作用。因此，只有实现了土壤和环境健康，才会有植物的健康，这是有机农业的基本理念。其次，有机农业还重视农村社区的建设，注重保护小型农业和家庭农场，让农民可以在乡村中维持生计，并保存乡土文化。

有机食品的田园想象

逐渐地，当人们从食品安全事件中发现越来越多的问题时，有机食品开始作为一种消费的选择，并逐渐成为一种可以获利的商品。据统计，在美国，1990 年消费者购买了 10 亿美元的有机食品；2002 年这个数字上升到110 亿美元。这个时候，为了促进有机食品"产业"的发展，必须要简化有机的概念，使其成为某种"标准"和"认证"，而这个"标准"却忽略了有机农业其他更重要的内涵。

比如，在美国最大的有机食品连锁超市"全食"超市中，各种各样的以家庭农场命名的有机食品，给予了我们最大的关于美好的田园生活的想象。

然而，尽管一盒有机生菜的生产过程没有施用化学品，但追溯到产地后我们发现，这可能是一个几万亩的生产基地，大型的联合拖拉机在田地里穿梭，而且这盒生菜可能是从美国的西海岸运输到东海岸的一个"全食"超市中的。再比如，这个超市中的一块有机牛肉，在我们的想象中它可能来自蓝天白云之下大草原上漫步的牛群，但其实它们生活在很拥挤狭小的室内空间，粪便的味道弥漫四周。尽管这些牛吃的是有机的玉米，而不是它们最喜欢、最适合的青草，虽然门口有一小块空地可以供这些动物活动，但其实由于它们长期在室内生活，这个生态系统是相当脆弱的。于是，我们不难发现，这些所谓的有机蔬菜或者肉类产品依然是石油农业的产物。

困惑三：有机食
品的价格贵吗？

想要看到这个世界改变，先从改
变自己开始。

——甘地

回答这个问题之前，首先需要了解你所购买的有机食品的出处。据我了解，美国的有机食品比常规食品要贵 30% 左右，北京市超市的有机蔬菜价格大概是在 25 ~ 30 元 / 斤，而一般从 **CSA** 型农场直接购买的价格在 10 ~ 15 元 / 斤。

当然，这样看来，有机蔬菜的价格都比市场上的普通蔬菜价格要高出几倍。但是，这可能是你能买到的最便宜的真正的食品了。因为消费者支付了食品的真实成本，包括生产过程中的能源消耗，甚至包括农民工作的合理工资。

廉价食品的真实成本

有学者做过测算，市场上的常规农产品，如果加上这些农产品生产、加工、配送成本以及对人体健康造成的破坏，那么真实的成本至少应该是现在农产品价格的 6 倍！

于是，此时我们得想想廉价食品的真实成本是多少？首先，肯定包括农业生产资料的投入，如种子、化肥、农药，还有劳动者劳动力的投入；其次，还应该包括农药和化肥造成的环境治理成本；当然，还要包括不健康的食品对人体的损害而需要支付的医疗成本。近年来，美国人的恩格尔系数降低了（恩格尔系数是指食品支出总额占个人消费支出总额的比例），然而这个数值的代价却是美国人的医疗支出占到总收入的 20%。我们了解到，平均每四个美国成年人就有一例糖尿病患者，每三个成年人中就有一个肥胖症患者，还有各种奇怪的过敏症。

当然，我们不能忽略常规食品体系在很多方面都有补贴，例如，大型的养殖场和屠宰场有各种政策的支持和保护甚至是补贴，而在小型农场宰杀、销售就受到限制，且成本较高。常规食物体系中无论是科研还是商业中的物流等方面，都有大量资源的倾斜，而小型农场如果要自己参与这些体系，则成本更高。如果有机农业能够从种子到餐桌的整个链条也能获得常规体系的支持的话，那么有机食品的价格自然也会降低。

消费结构的调整

为什么我们有钱之后会购买宝马、奔驰汽车，有人告诉我这是一种品质的象征，那么为什么在支付真正食品的价格时却总是认为贵呢？我发现，对于很多人来说，消费有机食品需要改变生活方式甚至是价值观。有一位农场份额成员跟我说，过去她每个月攒点钱就想换手机或者买昂贵的饰品，自从她深入了解了食品问题之后，她开始计划每个月的支出，调整更多支出来购买有机产品，而不是那些金银首饰了。尼克和琼几乎从来不逛大型超市或者商场，他们两个人每月收入合计也就2000美元，还需要自己交保险，不过，他们除了蔬菜来自农场外，其他的生活用品几乎都是来自消费者合作社的二手产品。他们两个人的婚礼在农场举办，没有婚纱和礼服，衣服都是来自二手商店。

我自己也做了个试验，为了能方便到达农场（小毛驴市民农园），我特意在农场附近的村子里租了个房子，村里的空气好，又距离我的食物来源更近一些。

在农场生活久了，就会发自内心地感谢大自然的恩赐，因为食物足够丰富，即使农场不用任何化学品，整个季节的产出都是很充足的，特别是马齿苋、扫帚苗、野苋菜，这些野菜从4月到10月源源不断地由大自然供给。当然，也要感谢所有劳动者付出的劳动，才有我们更加丰富的品种。虽然有些菜不如市场的蔬菜样子好看，但我们这些"生消者"们（既是生产者又是消费者）真的觉得蔬菜的样貌不重要。我经常在每次给小毛驴成员配送完之后，捡一些扭曲的茄子、有虫眼的辣椒、巨大的西葫芦、很小的土豆带回家，口味一点都不输。这些蔬菜拿回家后，用水简单冲洗就可以了。我常常想，吃有机食品的同时还节约了水。

瓜果类的蔬菜如果不切开，完全可以带着泥土放在阴凉处。叶类菜则可以包上塑料袋放到冰箱里。蔬菜本身就有一层防护膜，不吃的话尽量不要清洗。

5 月份的时候，我们经常吃西葫芦，我会做蒜蓉西葫芦和虾皮西葫芦；6 月份的时候我们经常吃黄瓜，如果只剩下一根黄瓜，我就用醋和花椒油凉拌黄瓜，然后熬一锅五谷杂粮粥；7 月份的时候，西红柿炒鸡蛋是必不可少的；8 月份则有越来越多的茄子和辣椒，可以红烧，也可以醋熘。

随着季节吃饭，不仅仅是顺应自然，对自己身体也有好处——在人体需要什么的季节就能有相应的蔬菜收获。《黄帝内经》里说：春夏养阳，秋冬养阴。春三月有清热利尿的莴笋、养血止血的菠菜；夏三月则有清热解毒的丝瓜、补中和血的西红柿、消肿止痛的茄子；秋三月则有藕、甘蔗、梨；冬三月则是白薯、萝卜。

早晨喝一碗五谷杂粮粥，内含营养丰富的豆类、小米、糙米等，提供足量的植物蛋白、维生素和粗纤维。中午则是两三个蔬菜。晚上以清淡为主。同时，要少油、少盐且不放味精。这些调料也尽可能从我们的农民朋友手里获得，比如安金磊的红豆、绿豆，山西的有机醋，张北的亚麻油。食物自然有天然的味道。

以午饭两菜一饭计算，一顿有机餐的成本也不过 12 元钱。

总之，我遵循的健康饮食原则是，尽可能吃真正的食物（不是加工食品、垃圾食品），多吃有机的植物性食品，而且饮食要有节制。同时，尽可能地自己做饭，并认真体会每顿饭和家人共享的快乐。

我们需要将自己与一个小型农场联系起来，不仅仅是吃有机食品，还要理解农业的生产过程，调整自己的支出方式甚至生活方式，甚至还需要新的价值观。

86

> 一个破坏土壤的民族也将毁灭它自己。
>
> ——富兰克林·罗斯福

困惑四：有机农业能养活人类吗？

工业化农业的支持者认为满足世界上数十亿人口仅有的方法就是大规模、专业化种植作物和养牲畜，依赖于汽油、化肥和农药。然而，工业化的农业体系并没有减少地球上的饥饿人口。有机农业被认为是奢侈品，因为他们认为有机农业不能高产，因为它的肥料要依赖于自然资源，如动物粪便。有人认为，如果美国农业耕作转向有机农业，将会是现在产量的1/4，那是基于一个美国农业部的研究——所有动物的粪便只能满足目前1/25的肥料需求，但是这个研究忽视了动物粪便外的更多其他的肥料，比如固氮的豆类植物的轮作或者"绿肥"。

近来有研究表明，在过渡期后，即让土地经过"脱毒"、恢复了自然状态后，有机农业的产量能和普通化学农业的产量保持相当。威斯康星州整合作物系统试验项目做了13年的研究，比较常规农业和有机农业的产量，结果表明，当转换期（指开始有机管理到获得有机认证之间的时间）结束，在好年景，有机方式生产的玉米和大豆的产量为普通农业的90%～98%。一个在爱荷华、明尼苏达州、宾夕法尼亚州和密歇根州做的相似的试验研究也表明，在好的年景，有机玉米产量为普通农业的98%～114%，有机大豆为普通农业的94%～111%。

如果你质疑有机农业将影响中国粮食安全问题的话，请注意以下几个方面：

首先，大量的耕地甚至是基本农田被征占，用于房地产、高尔夫球场、工业开发区的建设，这种方式对耕地的破坏是不可逆的，是对粮食安全问题最大的威胁；

第二，大量的农田被抛荒、被用作经济作物种植，如烟草、能源作物、花卉，这也将影响中国的粮食安全；

第三，大量的土地退耕还林还草，同样会对中国粮食安全构成潜在威胁；

第四，在中国粮食安全已经受到上述三方面重要影响的时候，中国还存在着大量的粮食浪费问题。全国政协常委、中国农业大学教授武维华近日表示，经测算，全国每年浪费的食物总量可养活 2.5 亿至 3 亿人；

第五，人类饮食结构的变化，将给粮食安全带来负面影响，比如，美国农民用 16 磅谷物和黄豆喂牛，却换来 1 磅牛肉。人类每年用来饲养牲口的谷物，相当于持续一年每天供给 1 碗食物给地球上的每个人。要满足人类无止境的口腹之欲，何止需要一个地球！

更为严重的是，坚持现在的常规化学农业将严重威胁中国长期的粮食安全，例如，除草剂导致豆科类植物根瘤菌数量下降，丧失了固氮能力，影响了产量；化肥导致土壤板结，有机质下降，产量受损；农药毒害作物，影响产量和食品安全。如不尽早改变现有的耕作方式，将积重难返。

最后，当人类的污染严重影响到气候时，任何科技都将是枉然，例如，气候异常引起的中国连续几年的大旱。

因此，批评有机农业影响中国粮食安全是欠思考的。此外，中国除了少数政策是"一刀切"以外，几乎所有的政策都需要经过试点推广。目前中国有机农业的试点已经遍布全国，试验结果表明，有机农业的产量能够维持在常规农业的 80% ~ 120%，因此，我相信，在制定全国推广有机农业政策的时候，能够找到因地制宜、因时制宜、因事制宜的稳妥的政策，从而换回中国环境的健康和中国人的食品安全。

从前有一个地球…… 地球安息日庆典

　　2008 年 6 月 8 日，地升农场举行了第 13 届地球安息日庆典。虽然庆典的名字带着宗教色彩，但其实是人们对于地球未来的一种憧憬、一种誓言，是对我们心灵的一种净化。

　　庆典由几部分内容组成。首先是入场仪式，接着是讲述地球的故事，"地球充满挑战的童年"。凯、安妮特致欢迎词，然后是大家讨论，主题是"人类如何实现对自然的承诺？"杜安（Duane）的演讲主题是关于另类能源，他讲述了他参加的法庭讨论的经历——内容关于是否可以在一个地区建电厂，很生动又引人深思；帕特里克（Patrick）作为农场理事会代表讲述了我们农场现在的项目——修缮教室；那个花 1 美元购买的近一百年历史的教室，需要筹集资金修缮墙壁。教室前面有一个很有意思的苹果形状的温度

我作为地球安息日庆典的旗手

地球安息日庆典

计。美国人喜欢用温度计来表示筹集资金的多少，每当筹集到一定数额的资金，那个苹果就会变红，当农场筹集到 10 万美元的时候，整个苹果都会变红。

整个仪式中，每个参与者都很安静和认真。我想或许每个人这个时候都在思考我们对这个地球做了些什么吧。

很荣幸的是，我作为入场仪式的旗手伴随着音乐缓缓绕场一周。尽管我和其他人来自不同的国家，但是在这个时刻，当我们作为人类这个整体面对地球和宇宙时，我们是相同的，保护地球也就是保护我们人类自己，比如减少污染、减少能源的使用、垃圾分类和回收利用；比如有机耕作，让土壤恢复它原来的面目……少一点对别人的批判、对现实的不满，从你的身边做起，从现在做起吧！

希望我们不要让那句"从前有一个地球"成为现实。

> 我们要知道：大地不属于人类，人类归于大地。
>
> 我们要知道：任何事情都是相互联系的。任何发生在世界上的事情都会影响到生活在这个世界上的人类。人类未曾编织生活的网，他们只是被困在网中。他们如何对待生活决定了他们如何对待自己。
>
> ——西雅图酋长

月亮石农场的女人聚会

认识理查德（Richard）和奥朱瑞（Audrey）夫妇是"泥胶鞋乐队"在易绿农场排练的时候。奥朱瑞那个时候就邀请我到她家的农场去玩，还告诉我，他们养了很多牛。

我曾问琼，她去过的农场中哪个最漂亮，琼回答说，是理查德和奥朱瑞的月亮石农场（Moonstone Farm）。这个农场是美国农业本地化运动中观光农业的代表。琼说，月亮石农场马上就要举办一个聚会，你可以去看看。

这一天终于来了。

每一年，月亮石农场都会举行一次盛大的聚会。这个聚会很特别，来参加的全部都是女士，从几岁的到几十岁的都有；来参加聚会的人可以在农场里搭帐篷野营、弹奏乐器、在河边游泳，也可以享受每个参加聚会的人带来的美食，还可以在仓库里挑选自己喜欢的各种旧货。

农场里有一个大仓库，我走进去发现一圈桌子，上面堆放着很多衣服，但看起来这些衣服都是旧衣服。我正在看时，又进来了几个人，她们拿起了几件衣服，特别高兴，说："这衣服真好。这件适合你。"我问她们这是怎

月亮石农场

回事。她们解释说，这些衣服是很多来参加聚会的人带来的旧衣服，是自己家人不经常穿的，但很多都还能穿，可以随便拿，免费的。我这一问，她们还帮我挑起来了。最后，我选中了几件干农活时可以穿的衣服，还选了两本旧书。

衣服拿回家后，开始我心里还有些障碍，觉得这些衣服会不干净，而且在国内也从来没买过二手的衣服。逐渐地，我发现我去过的每个小镇上几乎都有二手服装店，这些服装店的衣服都很便宜，但大部分都还很新，而且来逛这些服装店的人还不少。琼也经常会带一些旧衣服让我和爱玛挑选，这些衣服也都是琼的朋友们的。尼克告诉我，他和琼几乎从来没有买过新衣服，就连他俩结婚的礼服也都是在二手服装店购买的。他说，人们总是想着购买新衣服，与此同时却在不断地制造垃圾。这些旧衣服经过清洗和消毒，其实都还很好。在美国的最后一周，我在明尼阿波利斯市时，还跟 IATP 的主席郝克明去过一家二手服装店。郝克明说他每个季节只逛一次这种服装店，一次性把这个季节的服装都买全。这家二手服装店的衣服是签约销售的。一般来说二手店里的商品，有的是别人的捐赠，有的是签约销售，销售额的一部分会归商店所有。这个商店里的东西是顾客先定价，但每隔一段时间如果卖不出去，就自动变为之前的半价。

从二手仓库里走出来，我就开始了对月亮石农场的"探险"。

月亮石农场风景的确非常迷人，它是理查德祖父母的遗产，面积 240 英亩。理查德和奥朱瑞的目标是，建立一个可持续的农业生态循环系统，他们相信，这样一个生态系统只需要很少的外界投入，不需要使用任何化学品，系统内部是可以自我循环的。

理查德在他父亲的常规农场长大，在 20 世纪 70 年代，他们夫妇开始关注有机生产的方法，比如如何更健康和可持续地种植。奥朱瑞原来还是一个素食主义者。因为他们认为吃肉是不可持续的——规模化养殖需要种植大量的谷物（如玉米）来喂养动物，随着养殖越来越专业化，对粮食的需求越来越大，而为了种植更多的粮食，就不得不用更多的农药和化肥。不过，他们逐渐开始理解世界的饥饿是由于不合理的分配方式造成的，而不是食品的短缺造成的。从 1992 年开始，他们在一个教授的建议下将越来越多的土地转变为牧场，这对当时的他们来说还是个很大的挑战。后来，他们发现，这样不仅可以做户外的工作，还能与动物互动，是一件非常快乐的事情。他们最终决定为了环境和家人将农场的土地全部转变为草场，使农场永久可持续。

彻底从种植农作物转变为牧场，让他们夫妇与大自然间的关系更和谐和紧密了。牧场中的黑麦和野豌豆可以控制杂草的生长，牧场还有紫花苜蓿、雀麦草、车轴草以及很多不同品种的苜蓿。在被草覆盖连绵不断的小山上的牧场，更多的长期的藤本植物、树和灌木增加了植物的多样性。一些土地还加入了"保护储备计划"，将会在未来几年提供木材、水果和坚果。同

月亮石农场的景色

时，以草为食的牛含有更高的不饱和脂肪酸，食用这样的牛肉对人体的健康有益。

农场还有一个葡萄园，奥朱瑞说这个葡萄园将传承明尼苏达河谷最初的制酒文化。

整个农场布满了树木，接骨木莓、毛樱桃灌木、苹果树和李子树、榛子、核桃、灰胡桃树和白松树。这些树木在冬天也能够获取阳光的能量，并转化为人和其他动物的需求，而普通的庄稼地就无法做到这一点。

这些植物还能减少对月亮湾（明尼苏达河的支流）的侵蚀。目前这条河已经被严重污染了。一个草场农场受益于密集的根部系统，可以保持养分和土壤，保护农场的地表水免于硝酸盐的污染。更进一步，保护通过月亮湾流入明尼苏达河的水源，最终不会对原始草原的动植物造成危害。

奥朱瑞曾经问过我一个问题："一个从中国进口的有机苹果和另一个美国本土的非有机苹果，你会选择哪一个？"这就是有关深有机（Deep Organic）和浅有机（Shallow Organic）的讨论。一旦一个领域有产生丰厚利润的前景，就会有资本进入，有机食品也是这样一个行业。从历史上来看，有机农场都是小型的家庭农场 [1]。这也是为什么开始的时候只能在小商店或者农夫市集购买到有机食品。随着人们越来越重视食品安全问题，越来越多的大型农业企业进入有机这个领域。从 20 世纪 90 年代开始，在发达国家和发展中国家，每年有机食品产量的增长率都在 20% 左右。在美国，1990 年消费者购买了价值 10 亿美元的有机食品，2002 年，这个数字上升到了 110 亿美元；1997 年，美国有 120 万英亩土地进行有机耕作，到 2001 年，这个数字上升到了 230 万英亩。

但是，与资本的大量结合可能导致的是，利用有机这个概念牟利，而有机的重要意义却没有体现出来。比如奥朱瑞说那个苹果，虽然是有机的，但

[1] *Family Farms*. Local Harvest. http://www.localharvest.org/organic-farms/. Retrieved on 2006-06-06.

一方面可能在远途运输中被污染，另外，在运输过程中又消耗了多少能源呢？又比如，大的养殖集团利用有机养殖的规定，只是给牛喂有机的饲料，可能偶尔牛也能活动一下，甚至像宣传中说的那样，听音乐，但整个生态系统仍然是很脆弱的。而月亮石农场养的牛也是有机的，这些牛完全以草为生，拥有大片的草场，它们过着快乐的生活，那才是它们真正的家。这两种同样当作有机牛肉销售的产品，哪一个更有可持续性呢？

这也让我联想到每次提到地升农场是有机农场时，很多人会问，你们的农场被认证过吗？其实，地升农场并没有被有机认证过，我们使用有机这个词时也并不仅仅是指有机认证的标准，而是整个综合的可持续的大系统。而认证本身也是一种建立双方信任的方式。以前易绿农场也做过有机的认证，后来迈克说 CSA 本来就是将生产者和消费者直接联系起来，依赖的就是相互之间的信任，消费者也大多并不在意你是否经过认证了，况且认证还要花费一笔费用。

理查德和奥朱瑞除了考虑农场生态的可持续性外，当然也要考虑家庭经济的可持续性。他们认为，减少化学品的外部投入意味着增加利润率、更高质量的产品和更高的顾客忠诚度，那些购买他们的牛肉的人与他们是共同的生产者，而不仅仅是消费者。月亮石农场的牛肉的定点销售对象有蒙得维的亚（Montevideo）的一家咖啡厅加瓦河（Java River）和双城的一家咖啡厅巴比特（Barbette），还有明尼阿波利斯的一个保龄球场，也包括蒙得维的亚地区的个人和自然食品商店。

食物是他们生活中非常重要的部分，也是家庭收入的来源、他们与顾客联系的纽带。

漫步在林荫路上，穿过树林走到河边，视野豁然开朗；走到牛群面前，跟它们问好，看着它们好奇的眼神，兴致盎然；看到在河边晒阳光浴的一群裸体的女人，感受这个只有女人的世界，放松恣意。很多出生才几周的孩子

农场的奶牛

漫步月亮石农场

跟妈妈一起来了，在妈妈的怀里睡得特别香。还有人在农场里野营，她们带着乐器，边弹边唱，还有人在伴奏。后来，我们知道帐篷中有一个人已经危在旦夕了，但她没有选择在医院里度过自己的余生，而是选择在这里平静地离开。所有参加聚会的人都围绕在她身边为她唱了一首歌。

云很淡，风很轻，我是快乐的女人，我是快乐的农民。

小岛探险

生活就像是一盒巧克力，你从来
不知道你会拿到哪一块。

——阿甘

　　有没有想过一个人在野外生活会怎么样？而我们具备多少野外生存、险境逃生的基本常识和技能呢？

　　工作之余，受帕特里克的邀请，我和艾拉到附近一个市的一条小河划皮艇（kayak）。艾拉在大学时受过救生员的训练，她划得非常好，而我呢，开始时准备自己划一条船，但是因为逆着水流的方向，我无论如何也划不动，一直在桥下边晃悠，后来还是找了个高手带我一起划。

　　帕特里克是地升农场董事会的一个成员，他是明尼苏达河流保护协会（一家非营利性组织）的主席。协会的主要任务就是通过教育和宣传，让市民保护河流。比如这次与我们同行的几个孩子，看上去也就六七岁大，也是第一次划皮艇，但很快就学会了，看起来比我强多了。可能真的是孩子的天真，让他们无所畏惧，划船的时候没有恐惧感，所以自然学得很快了。在我们划船的过程中，帕特里克一直在跟孩子们说，希望他们通过热爱这项运动，了解到这条河流的重要性，因为这里有着他们美好童年的记忆。这样的教育方式远远超过单纯的说教。

　　另一次划船的经历是，我和尼克、爱玛三个人开车到马什湖（Marsh Lake）划独木舟（Canoe）。

　　以前，划船之于我，就是在公园或者已经被开发好的游览区内平静的湖面上，依靠机械动力或者脚蹬，毫无风险。也曾经看过一些关于丛林探险的节目，并好奇这些节目都是怎么拍摄出来的，觉得那样的生活一定充满着新

参加划船活动的孩子

尼克和琼的独木舟

鲜和历险，但那样的生活离我是那么远。

这次划船去马什湖，让我看到了生活丰富多彩、充满刺激和挑战的另一面。

我们从马什湖边上的一条小河下水，顺流而下，一瞬间，眼前豁然开朗，一片宽阔的湖面，一眼望不到尽头。突然感觉我们的小船变成了一片小小的树叶，在湖面上随水波漂浮。

欣赏着美景的同时，我有点害怕，这个湖完全不是那种观光游览的湖，我们是这个湖面上仅有的三个人。爱玛在前划，尼克在后划，控制船前进的方向。因为我没有桨，只是坐在中间，他们两个跟我开玩笑说："石嫣，你就是公主，我们给你撑船。放心吧，我们有丰富的经验。"

我们边划边停，尼克经常会给我们指一些鸟并说出它们的名字。我们还看到了一只秃鹰站在树顶上。我问尼克和爱玛是什么时候学会划独木舟的。爱玛说她上大学之前，可以选择几种预备课，划独木舟是其中的一种。她当时就选择了这门课，当时教他们划船的人是一个俄罗斯人，爱玛模仿那个老师带着俄罗斯口音的英语给他们讲如何在野外生存，特别是如何学会在野外拉屎——因为很多时候，随着环境的变化，人可能会在潜意识中控制自己的排泄，时间一长就会引起身体不适。那个老师说："在野外，你一定要学会如何拉屎，一定要拉，要学会适应环境，还要学会如何用手辅助……"后来，爱玛和几个朋友一起划船穿越一个特别大的湖，整个穿越用了六天五夜的时间，每天都是白天划船划一天，晚上在湖边搭帐篷休息。当时还都比较顺利，但是一个朋友的脚被一种吸血的虫子咬到，顿时鲜血直流，把她吓了一跳。尼克说他也很早就会划独木舟，平时也经常会和朋友带着船出去玩。只有一次，他和一个朋友划船出去，到夜晚迷了路，他们当时选择晚上就在湖边休息，第二天一早再出发，后来顺利地找到了返回的路。

我们慢慢地划到湖中的一个小岛，尼克开玩笑说决定把这个小岛买下，然后在上边生活、种地，等食物不够的时候再划船到陆地上取食物。

尼克划船

我说，我们可以在小岛上开辟 CSA，然后用船作为运输工具，每周用小船将蔬菜运出小岛，还可以节约能源。这个场景像不像马克·吐温笔下的《哈克贝利·费恩历险记》？

　　小岛的水边有两只鹈鹕，周围还有四五只死了的鹈鹕，这几只鸟不知道为什么被遗弃在这个小岛上了，据说附近的一个湖也发现了大量死了的鹈鹕。尼克说有可能是这几只鸟生了病所以被遗弃，因为我们在岛的另一面发现了近 100 只鹈鹕。

这就是生活

在地球上找到你的位置，挖下去，然后担负起那里的责任。

——加里·斯奈德

当生活周而复始逐渐走入一个循环时，你可能会觉得有些枯燥无味，其实，带着一双发现的眼睛去看待生活，你会发现生命中细微的精彩。

周一：

新的一周的开始，早晨 7 点起床，洗漱吃饭，如果步行到农场的话大概需要半小时，所以要 7:30 出发，如果骑自行车则可以 7:45 出发。

8 点钟开始工作，因为周末两天我们休息，那些植物们在两天时间内飞速地生长，周五看还是一个小小的西葫芦，周一早晨已经成了大胖子。所以，周一上午的任务一般就是摘西葫芦、摘西红柿、摘茄子，然后剩下的时间就是除草了。

新的一天开始了

到中午 11 点，我们几个人中的一个人会停止工作，去为大家准备午餐。

12 点，钟声一响，上午的工作结束，大家都很累也很饿，趁中午吃饭的时间休息一下。

大概下午 1 点，我们又开始工作了。我们有五垄豆角，绿色的那种叫供应绿色豆角（Provider Green Bean），紫色的那种叫勃艮第豆角（Burgundy Bean），还有一种黄色的叫黄蜡豆角（Yellow Wax Bean），最后一种是干豆角。摘豆角需要大量的劳动力，如果四个人一起摘的话，摘完这些豆角需要一天的时间。周一下午我们的主要任务就是摘豆角。从前一周开始，每一个份额成员都会得到两磅豆角，但是我们还剩下很多，所以，周五一上午我和爱玛跟凯学习如何腌豆角，下午我们还冷冻了一些，这些都是为了冬季的储备。

下午 5:30 工作结束，我们骑车或步行回家，做饭，休息。

周二：

早晨第一件事情就是摘西葫芦和黄瓜，它们的生长速度太快了，你几乎跟不上它们生长的步伐。西葫芦有很长的生长周期，几乎从夏季中期延续到秋季初期。它们不喜欢寒冷，会在第一次霜冻前后停止生长。西葫芦有大概 94% 的水分，低热量，含有维生素 A、维生素 C、碳酸钾、钙质。黄色的西葫芦被认为是首先在美国东部生长的，而绿色的西葫芦（Zucchini）被认为是 19 世纪晚期在意大利的米兰最早出现，"Zucca"在意大利语中是瓜的意思，在美国栽种的最早记录是 20 世纪 20 年代，可能是由意大利移民带到美国的，而且最早出现在加州。

接下来的时间可能还会是摘豆角或者除草。

周三：

周三被我们称为"收获日"，因为每周四要配送这些蔬菜，而且到了夏

青椒　　　　　　　　　　　　　　　　　　辣椒

南瓜　　　　　　　　　　　　　　　东方快车茄子

季时中午会非常热，蔬菜采摘下来会很快脱水，为了保证蔬菜的质量，周三早晨我们要提前一小时开始工作，所以我需要 6 点起床，7 点到农场。

　　周三是忙碌的一天，所有的工作成果都在这一天体现，一周的种植成果都要在这个时候收获，包括西葫芦、黄瓜、西红柿、茄子、辣椒、罗勒、洋葱、小葱、西蓝花、菜花、牛皮菜（Swiss Chard）、洋白菜、大头菜（Kohlrabi）、甘蓝、甜菜、胡萝卜。

上午：摘菜、分装、清洗、晾晒、装箱，放到冷库中暂存。

下午：豆角需要称重、装袋，3 点左右，我们开始将这些蔬菜分装到每个成员的箱子里。首先，找到所有成员的箱子，折叠好，开始装箱。先要装入的一般是不怕压的蔬菜，比如洋白菜、大头菜，西葫芦、洋葱，接着是西蓝花、菜花、胡萝卜，最后是那些叶子蔬菜，如甘蓝、牛皮菜，还有比较怕压的蔬菜，如茄子和辣椒。西红柿一般都单独装袋，不放在箱子里，因为很容易被挤烂。西红柿的保存方法是放在一个盆子里，然后盖上一块布遮住阳光，它们不喜欢冰箱冷藏。

都装好了之后，最后放入每周的简报，里面有每一种蔬菜的介绍和每周农场发生的事情和即将发生的事情，还有一两个菜谱以及蔬菜的储存方法的介绍。

最后，合上箱子，都放回冷库，等待周四运输。

尼克在清洗大头菜

一些蔬菜洗完后放在架子上控水

周三的工作于下午 4:30 结束，比平时提前了一个小时。

周四：

这一天是我们的运送日。早晨 8 点，尼克或者爱玛将两个地区的份额成员的蔬菜箱装到汽车里，并运到我们集中存放蔬菜的地方，一个是社区中的肉店，另一个是社区里的一个建筑公司，我们每周于固定时间配送到取菜点后，份额成员再到这个地方取菜。回来的路上还要到吉拉德（Gerard）农场取我们的牛奶，返回到农场时大概是上午 10:30。

这天上午我们会为下午的农夫市集做一些准备，有一些蔬菜需要早晨采摘，还要准备下午要用的黑板、桌布等。

下午我们运送另一个地区的蔬菜，2:30 出发，将近 3:15 结束运送，之后我们到公园里的农夫市集，开始卖菜。当逐渐进入收获的季节时，市集中的卖主越来越多，第一周只有 3 个卖主，收获的季节时每周能有七八个卖主。

6:30 农夫市集结束。

周五：

嘿！周末到啦！每周五都感觉相对轻松一些，主要是为即将来的周末两天做一些准备，看地里有什么需要在我们离开之前打理的。重要的是，如果未来两天没有雨的话，很多植物需要浇水。

还有一些任务是，收拾厨房，然后将垃圾分类。

周六、周日：

在家休息、看书、写作、收拾屋子、做饭、洗衣服、听音乐、看电影、与家人通电话。

在美国，做农民是一种工作和职业，可以在周六、周日休息，尽管植物不休息。在中国，农耕和生活、生计是紧密相连的，农民不会有严格的休息日的概念，一年从头忙到尾，只有天气不好的时候，或者北方的冬季，农民才会给自己放假。

这样的生活，虽然从体力上非常累，但在精神上，却非常轻松快乐、简单而真实。

卡门和他的 400 英亩有机农场

> 我们不能用制造问题的思路去解决问题。
>
> ——爱因斯坦

美国的阵亡将士纪念日（**Memorial Day**）虽然没有休假，不过我们减少了劳动时间，中午我们还吃了烤肉，算是过了一个小小的节日。

当然，我想说的不是烤肉，而是中午和一个有机耕作的农民的对话。

卡门（**Carmen**）是凯和安妮特的弟弟，他在我们的农场南面的区域耕作。说起卡门还有一个有意思的故事：我和明尼苏达大学的一个做有机农业的教授通过电子邮件联系，他对我来美国的故事很感兴趣，并问我在明州的什么地方，我说在麦迪逊，他说，他有一个朋友也在这个地方，叫卡门。当时，我不知道卡门和我们的农场的关系，我问凯："你认识一个叫卡门的人

我和农场主卡门

吗？"她笑着说："当然！我认识他。他是我弟弟。"

还要提起见到卡门前一天我的经历。那天下午我和艾拉去农场给温室里的植物浇水，浇完水后是下午 5:30，我突然想骑自行车到镇上逛一圈，因为好像自从来到农场我的行动轨迹就只是在农场和住的地方之间了，在这个地方，不能开车真是寸步难行，我有一种被困住的感觉。艾拉很担心我说，这么大风，你在公路上骑车子要注意点，如果 8 点你还没回来，我就要担心你了。其实，我当时也很犹豫，不过还是想体验一下主动去改变生活的状态。我骑着车子在公路上走，去的时候逆风，每骑几下就要下来推着车子走一段时间，骑得越快，风似乎也越大，不过我越挫越勇，后来与风作战倒成了一种乐趣。经过的汽车开到我身边时都主动地拉开与我的距离，很多司机还和我打招呼，难道我真是在这条公路上第一个骑自行车的人吗？到镇上的时候已经是 6:30 了，所有的商店都关门了，街上静悄悄的。返回时，风把我很快地吹回来了，路上经过一个农场，农场里散养着几头牛，正在低头吃草，我冲它们大喊一声："你们好！"它们竟然都停下吃草，眼睛齐刷刷地看着我。途经卡门的农场，我去拜访他，结果他不在家。那一次，我还知道了除了我住的房子没有门锁，平时都不锁门之外，这个地区的农场中的房子也是夜不闭户，甚至白天都不锁门。

卡门本科毕业后在一所高中教英语，1972 年他辞掉工作，购买了 88 英亩土地开始农业耕作，并给自己的农场起名为 A 框架（A-frame）农场。1974 年他又租种了 120 英亩土地，1978 年又购买了 90 英亩土地，并在 1994年将之前租的那 120 英亩土地买下。目前他还租了一部分地，每年的租金是90 ~ 100 美元 / 英亩，现在总种植面积 450 英亩。

20 世纪 70 年代还没有有机农业的规则，卡门希望通过自己的尝试找到有机耕作的方法。促使他进入有机耕作的原因有两点：其一，卡门的父母耕作的时候就很少使用化学品，当时的农场有很好的生态多样性；其二，卡门说自己喜欢反趋势而行。

卡门最初希望农场能够多样化，加上猪的价格相对其他牲畜的价格较低，并且可以喂养粮食，他就开始购买小猪，从 50 磅养到 250 磅，之后卖掉。1990 年，他将这些猪全部卖掉并停止养殖。之后他的弟弟还有侄子接手了这个生意，但是改养 10 ~ 50 磅的猪，不过也于 2006 年停止养殖了。卡门说虽然他们最多时养过 500 多头猪，但是随着养猪逐渐规模化，他们这些小的养殖者几乎没有什么利润，只好退出。

卡门在 36 年的种地生涯中，不断进行着有机耕种的试验。他目前有两种轮耕的方法，第一种是四年轮耕的试验，第二种是六年轮耕的试验。在四年轮耕中，他第一年种植小麦，同时种植豆类或者三叶草，然后在 8 月份收获小麦，秋天收获豆类；第二年，他种植玉米；第三年，种植大豆；第四年，他又开始种植小麦和豆类。在六年轮耕中，他第一年种植小麦和紫叶苜蓿，在第二、三、四年收获紫叶苜蓿，每年收获 2~3 次，第五年种植玉米，第六年种植大豆。

1976 年开始，他开始对农场的产品进行有机认证，每年的认证费用约为 1000 美元。卡门认为，认证很重要，因为目前有机概念还是非常模糊的，认证可以保持有机农业的完整性，而且有机认证中的一些规则可以鼓励他不断地尝试。比如，认证中的一点要求是必须轮耕，卡门之前没有进行轮耕，在进行认证之后，他开始尝试。经过认证后，他的农场产品的价格要两倍于普通农场的产品价格，年总收入因不同作物有所不同，平均在 400 ~ 800 美元 / 英亩，净收入大概 100 美元 / 英亩。卡门去年的收入约为 10 万美元，政府补贴收入为 4000 美元。卡门认为补贴对于那些常规耕作的农民来说很重要，因为常规农业需要购买昂贵的化学品，随着能源价格的上涨，成本和收入趋于接近，所以需要依靠补贴。而他不使用化学品，所以投入受影响的程度不大。他可以将那些补贴资金花费在劳动力上，这样可以每英亩减少 20 ~ 30 美元的肥料成本和 20 ~ 30 美元的除草剂成本。他喜欢将钱花费在不同的地方，比如预算 40 ~ 60 美元 / 英亩的资金用来购买或者翻新设备，或者用来机械除草管理。"这些花费在设备上的钱平衡了我的投资组合，我的有机系统的真正闪光点就在于我不需要租借经营资本。"卡门说。

在此之前，我认为有机耕作应该是劳动力密集型的，因为不施用化肥农药而产生的杂草都需要人工清除，难以相信这么大面积的土地还能进行规模化的有机耕作。卡门通过轮耕、机械控制，如旋转锄和春芽耙，有效控制杂草。此外，观测土壤温度，在杂草第一次发芽之后进行除草、再种植，都是他用于控制杂草的良方。

卡门一般和妻子两个人种植，基本不雇用劳动力。他认为目前农场的面积可以算是中等规模，1000 英亩以上才可以算作大型农场，但是，他的梦想是农场面积达到 150 ~ 200 英亩，但是目前这样的面积很难生存。

卡门销售他的农作物的方式是通过营销人员（**Marketer**），这些人的正式工作是在城市的消费合作社，他们的手中有很多厂家对于有机玉米、大豆的需求信息。卡门会找一个营销人员帮他联系农产品销售出路，并支付一定的费用。营销人员会帮助卡门联系并和这些厂家讨价还价，最终确定一个合理的价格。在收获之前，卡门会和这个厂家签订合同，因为是有机耕作，如果在种植过程中遇到自然灾害影响了收成，卡门不需要负任何责任；如果在收获时，市场价格有所提升，这个时候营销人员会代表卡门与厂家谈判以提高价格。而又因为卡门和这些营销人员的长期交往，他们之间已经建立了良好的信任关系，所以他无须为价格而担忧。

至于有机作物价格能比普通作物高多少，举个例子吧，普通玉米每蒲式耳 5 美元，有机玉米一般能以每蒲式耳 10 美元的价格出售。有机亚麻的价格远远超出了普通亚麻，他销售人类食用亚麻的价格是每蒲式耳 50 ~ 60 美元，而普通亚麻每蒲式耳仅能销售 5 ~ 8 美元。

作为一个有机耕作的农民，卡门感到非常骄傲，他认为自己在这片小农场上改善了土壤，他的耕作系统代表了世界食品的生产系统。卡门与明尼苏达大学有很紧密的合作关系，他与明大的西南研究和帮助中心合作一个有机保护研究项目。他还是明大圣保罗校园的客座讲师。除了帮助本地区的农民建立购买站外，卡门还经常做农民的免费顾问。春天，他每周与其他农民通话 3 ~ 4 次。每一年，他估计要与数千个农民联系，很多农民是在过去的 15 年中参与了大学的研究项目。

卡门在社区中也非常积极，他是明尼苏达州可持续耕作协会的主席，还是明尼苏达可持续农业研究所董事会的发起人。

"每一年都是不同的，上一年的工作经验可能不能用于下一年。"卡门充满激情地说，"有机农业的目的不只是为了市场，更是为了保护环境和减少生产的成本。你必须要相信自己在做正确的事情。"

我还记得季节之初时，尼克说感觉我们的小拖拉机翻土的深度不够，想让卡门用他的大拖拉机给我们深翻一次。隔了几天，卡门开着大拖拉机来了，后来他用手摸了摸土壤，又跟尼克讨论了半天，又把拖拉机开走了。尼克告诉我们，卡门建议不要用大拖拉机深翻了。当时我们几个并不理解卡门为什么这么"抠门"，后来发生的一件事让我明白了他"抠门"的原因。

今年，我们把土豆种在了农场后面的一块亚麻地里。这块亚麻地里的土豆先后出现了两次问题。当土豆秧刚刚长出来时，我们隔了一阵子去土豆地，惊讶地发现，根本找不到土豆秧了，全长满了亚麻。亚麻在这个时候成为了杂草，抑制了土豆的生长。我们几个人费了两天的工夫终于把那些亚麻拔除。接着，到了土豆收获的季节，我们又发现土豆个头都特别小，而且都呈扁平状，硬得跟石头一样。我们这才知道，同样是有机耕作的土地，土壤质量也是不一样的。如果我们当初翻地时选择让卡门使用大型拖拉机深翻，也有可能会在一定程度上破坏土层。

我愿意去完成宏大的任务，但是我主要的职责还是完成那些有重要价值的具体而微小的工作。

——海伦·凯勒

与城市经理的对话

在农场生活快两个月时，我受农场所在麦迪逊市的城市经理（**City Manager**）的邀请，到市政府与他进行了一个半小时的对话。

"城市经理"这个概念可能大部分人都很陌生，美国的议会席位和市长都是由选举产生，而城市经理是由议会雇用的，一方面是实施政策，另一方面也起到对政府的监督作用。

尽管这次访谈没得到我预想的数据，但却让我收获了意想之外的内容。

在这次访谈之前，我一直陷入一种错觉之中。由于我参加的所有的活动几乎都是在几个有机农场中进行的，见到过的人也都是当地可持续农业运动的倡导者和参与者，他们都很了解并支持有机农业，这让我产生了一种错觉，误认为这个地区对有机农业的整体认识程度非常高。

其实不然，有机农业毕竟是在一个起步阶段。这个城市经理的收入应该是不低的，但是他说他很少购买有机食品，也不了解 CSA 是什么意思。这个情况与我后来访谈美国农业部驻麦迪逊市的办事处工作人员的情形几乎相同。他说，人们不买有机食品的原因，一方面是因为价格高（上次我去一个食品店，看到地升农场的鸡蛋卖 2.5 美元 / 打，而普通鸡蛋的价格是 1.5 美元 / 打），另一方面，有些人认为有机食品并不如想象的那么好，还误以为不用化肥农药就有可能有很多细菌。

站在政府的立场，他认为从效率上讲，大农场好，因为可以带来规模经济效应，但从另一方面考虑，大农场就意味着在一定地区之内人口较少，人口少了对于社区商业的支持也就少了，从而不利于整个社区的发展。麦迪逊市基本上没有工业，只有一个制造下水管道盖的工厂。城市经理说，当然希望有更多的工业，因为这能提供更多的就业机会。目前整个地区的收入以农业收入为主。1999 年，人均年收入是 27000 美元。人口外流现象也比较严重，因为年轻人无法找到合适的工作，就到大城市去工作了。普查时候的数据显示，这个地区的平均年龄是 54 岁。

政府运行的费用一部分来自州政府提供的本地政府救助（local-gov-aid）项目，一部分来自财产税。而政府提供的主要服务是市区的水电供应、垃圾处理、警务、救火、救护车、路面维修等。

谈话结束后，他带我参观了议会的会议室，还答应继续帮我搜集一些数据。

刚刚访谈完时，我还觉得有些失望。可回到农场后与尼克和琼继续讨论这次访谈内容，他们觉得这次经历对我来说是件好事。尼克说，在美国，一个频繁购买有机食品的顾客的平均收入是 43280 美元，而 31% 的人年收入在 15000 美元以下。通过这次访谈和后来与尼克和琼的对话，我在想是否可以有这样一个假说，即在一个收入界限以上时，理念将决定你是否购买有机食品。因为有的人的收入虽然达到了购买有机食品的可能，但是因为他在日常生活中对食品的关注度较少，或者没有这种消费理念，那可能就不会消费有机食品。低于这个界限时，因为无能力购买，所以也就会阻碍此类消费。

我与麦迪逊城市经理

> 我们所有的人都有能量给予别人幸福……倾听的耳朵、关注的眼睛和一只伸出的手臂。
>
> ——帕姆·布朗

三场可怕的暴风雨

今年的天气很异常，我们的植物连续经历了好几场大风暴。我刚到农场的两个月，好天气很少见，经常是大风或者暴雨。我们担心那些植物，不知道它们能不能渡过这个难关。上周的大风，将我们农场中一棵一抱多粗的树刮倒了，那些植物还艰难地挺立着。我们心想，这关总算过去了，应该不会有比这样更糟的天气了。周末两天的天气倒是不错，但紧接着狂风暴雨又来了。

那天一早，我一到农场就感觉尼克和琼都不太高兴，我知道他们在为那些宝贝们担心。头一天晚上，他们就没有回家，而是在农场的一个小屋子里住着。早晨6点，他们听到天气预报后，就赶紧起床抢收，因为我们今天要将份额成员这周的蔬菜装箱。凯和他俩一起赶在大雨来临前将今天要收获的大部分蔬菜都收割好了。

暴风雨后倒下的大树

　　我在想，我们吃的每一棵蔬菜，都包含了多少农民的感情和汗水，我们怎么能不去珍惜呢？对于农民，他们经常无力面对不作美的天公，那个时候的无奈，或许只能双手合十祈祷吧。

　　下午，我和尼克冒着雨去另一个农场拔了一些大黄（Rhubarb，他们用这种植物做甜点）。回来的时候，琼告诉我们，威斯康星州离她家不远的一个小镇被洪水淹了，水已经有两层楼高了，今年肯定颗粒无收了。话语间带着对那里农民的同情，也带着对我们农场的祈祷。

　　尽管天气这么恶劣，但是我们几个人一起，还是将今天最重要的装箱任务完成了。这个时候我长长地舒了一口气，很有成就感。因为长时间风吹雨淋，我们又必须用凉水洗菜，每个人的手都快没知觉了，每隔一段时间都得到屋子里用热水暖暖手。

雨中工作的农场团队

这次的经历让我想到了更多。他们为什么面对暴风雨会这么着急地去抢收？为什么他们会每天查看天气预报？因为担心可能到来的大暴雨导致不能收获，从而不能完成今天的运输和配送，份额成员也就不能收到蔬菜。有很多人常常会问，社区支持农业，如果在农民和份额成员之间没有合同，如何保障农民会尽心尽力地为份额成员提供优质的蔬菜？如何又能保证在遇到灾害时份额成员能够与农民共担风险？提出这些问题是因为我们生活在一个被越来越多的契约约束的社会，各式各样的法律、法规规范着人们的日常生活和行为，而那些几千年来约束着我们的传统道德、文化却在不断地沦丧和消亡。可是，就像是在中国的传统农村一样，约束力最强的并不是那些法律、法规，而是长期在村社内部形成的村规民约，这些东西虽然没有以法律条文的形式固定下来，但在村社内部却有极强的约束力。其实，我们不做违法的事情，不是因为我们了解这件事情在法律中是如何被定罪的，而是自己的内心有一种标准和判断，高成本的法律并不是制约我们行为的主要因素。

再一再二不能再三，可今年的天气不知道怎么了。第二次暴风雨没过多久，一天清晨6点多，马上也要到起床的时间了，突然几声巨响把我从睡梦中惊醒，接着就感觉到房子在晃。我从窗口望去，天空黑得可怕，因为视野非常开阔，可以看到整片天空被乌云笼罩，紧接着就是连续不断的闪电，像是要把天空啪的一下劈开。慌忙之中我想打开电灯，却发现已经没有了电。于是，我拿起手电筒，披上几件衣服赶紧往楼下跑，如果是龙卷风的话，必须得去地下室。刚走到楼梯口爱玛的房间，她也正匆匆从屋里走出来。爱玛拿着一根蜡烛，还抱着一个枕头。我们一块走到楼下，坐到一个离窗户有一定距离的沙发上看着窗外。我俩都被吓坏了。窗外，漆黑一片，只能在打闪电的时候看到外面一片混沌，到处都是土和树叶，门口的一棵大树也被吹得倾斜了身子。我问爱玛，我们没事吧。爱玛说，我们等等电话吧，如果有事他们会打电话通知我们的。因为有前两次暴风雨的经历，这次我们并没有那么慌乱。这样的天气大概持续了20多分钟，接着下起了暴雨，暴雨中还夹杂着冰雹。雨逐渐变小，停了。这个时候尼克打来电话说他们刚赶到农场，农场一片混乱，也没法工作，让我们10点多再过去。

第一次和第二次暴风雨过后，农场的大树倒了一棵，树枝掉了很多，我们整整工作了一天才清理完这些树枝。这次暴风雨过后，农场像是遭到了一场浩劫，风把电线吹断了，整整一天没有电，幸好这周的蔬菜已经收获好；树枝树叶满地散乱；农场里又倒了几棵大树，这些树都是凯的父亲在世时种的；还有一个养鸡棚也不知道被吹到什么地方；树林中倒下的一棵树把树林中的那个小蒙古包的顶砸坏了。当我走到地里时，我惊呆了，几乎所有的蔬菜都朝一个方向趴在了地上，豆角、茄子、辣椒、西蓝花……我们该怎么办？这些植物还能活吗？我们都待在那里，不知道下一步该怎么办。

琼说："我们试试把茄子、辣椒、西蓝花扶起来吧。"说干就干，凯也加入了我们。幸运的是，这些植物并没有被连根拔起，也没有折断，而是整个根茎因为土壤太潮湿而固定不住，被大风吹倒了。我们给它们的根部筑起了一个个小小的堡垒，将土挤成一座小山，它们竟然能稳稳地站在那里。看着这些植物，我忽然有一种想哭的冲动。昨天下午下班时它们还都好好的，今天却被暴风雨折磨成这样，很多辣椒都从枝上掉下来了，仍然挂在枝上的辣椒有的也被冰雹砸裂了，或者被砸了小坑。我将这些辣椒宝贝们一个一个捡到容器里。这时，我在心里对这些伤心的宝贝们说，孩子们，别难受，妈妈带你们回家。我们几乎花了一整天时间帮这些植物们重新站立起来。

我们的份额成员帕特里克打来电话询问农场的情况，还要来帮忙修理树林里的蒙古包；还有一些份额成员在取箱子的时候询问了农场的情况，并告诉我们麦迪逊市里的那条大鱼雕塑也被刮倒了。这次灾害也影响了周边很多地区，月亮石农场倒了很多树，易绿农场也损失了不少植物。路边成片的玉米叶子像是被刀片削过一样，今年肯定会减产很多。

雨后的天空

　　琼连续几天心情都不好，我劝她说，"别难受了，只要我们几个人在一起，一定能过去这关的。既然我们不能改变天气，那就改变我们的心情吧。"

　　我作为一名参与进来的农民，在这三场风暴中感受到了"支持"的含义，感受到了在风暴前后农民对于份额成员的责任心，感受到了我们对份额成员的愧疚（因为冰雹的袭击而导致蔬菜的品质下降），也感受到了份额成员与农场共同承担暴风雨灾害的爱心。这就是社区支持农业的核心所在吧。

吉拉德和他的奶牛

从来都不要怀疑一小群有思想的人可以改变世界，历史的过程就是这样的。
——玛格丽特·米德

你能想象一个农民坚持有机认证 40 年吗？

你能想象一头母牛优雅地走到栅栏里，等挤完奶后，它又漫步后退到小门里面的牛棚吗？

跟我一起来看看吧。

这次我们参观的是一个养牛的农场，农场主人是吉拉德（Gerard）和玛丽（Mary），他们不仅有奶牛，也养肉牛，大约有 200 亩的草地可供轮流

吉拉德农场

吉拉德

放牧。吉拉德说，他坚持有机认证 40 年，因为他希望提供给顾客好的牛奶。最初的几年，因为有机这个概念不为人们所理解，他的牛奶经常以普通牛奶的价格出售，但是他一直坚持做有机牛奶，因为他觉得坚持有机养殖对整个社区都有好处。最近几年大家对有机这个概念的认识加深了，他的牛奶的价格也提上去了，而且能销售到双城地区了。吉拉德平时负责管理这些牛，玛丽则会在家中制作一些乳制品用于销售，比如奶酪、黄油。

我们每周运送完蔬菜都要到吉拉德的农场取下周所需要的牛奶，凯和安妮特，尼克和琼，还有我们三个实习生每周都预订吉拉德农场的牛奶，所以每周都能见到吉拉德，我们也都特别喜欢和他聊天。这次我们比较正式的参观，也是农场给我们实习生安排的一次活动。

尼克提前跟吉拉德说了一声。没想到吉拉德准备得很精心，还换上了一身很干净的衣服，和平时不一样。吉拉德很认真地带我们看他挤奶的过程。吉拉德的牛就像他的孩子一样，这跟我们上次在约翰的农场看到的牛的表现不一样。吉拉德打开牛棚的一个小门后，牛妈妈就从小门里漫步出来，走到挤奶的地点就停住脚步，吉拉德用一个栏杆把牛拦住，防止牛后退，然后把挤奶器给母牛安好，母牛还好奇地打量我们。挤完奶后，吉拉德会对挤奶器进行清洗，然后把栅栏打开，母牛便自己后退着从小门走回牛棚里，整个动作特别熟练和自然。

在美国，考虑未消毒牛奶的安全因素，各州对销售未消毒奶的规定不同，有的州规定只允许从农场直接购买，有的州则规定只允许从食品店购买。明尼苏达州的法律规定可以从农场直接购买，而密歇根州就不允许直接购买。有一位从密歇根来访的女士说，她拥有一个农场的一头牛的 1/7 的份额，这样，她就可以顺理成章地拥有这头牛的牛奶了。

可能很多人都会问，没有经过高温消毒的牛奶是不是不安全？但是，我们反过来想，高温消毒尽管杀死了很多可能有害的细菌，但同时也杀死了很多有益的细菌，然后牛奶生产厂商再将这些原本就存在于牛奶中的有益元素添加进去，并让消费者为之埋单，这不是有点荒谬吗？

在去琼家的路上，我们看到了另一个养牛场，在这里，很多牛生活在一个狭小的空间。我们就想起吉拉德的农场的牛。尼克说："不快乐的动物生活在不快乐的农场。"

> 生命的意义在于了解：成为一粒种子的不安，被种植之后的黑暗，朝向阳光生长的挣扎，开花结果的快乐，成为某人盘中食物的关爱，种子散落，季节更替，死亡的奥秘，生命的奇迹。
>
> ——约翰·索斯

让我们离土地更近一点

以前看书的时候得知，农耕可以治病、疗伤。对此我半信半疑。

有几天早晨我醒来觉得头疼，到了农场后，干点农活，跟大家开开心心地说说笑笑，一会儿就没事了。当你融入大自然，心情舒畅时，真的可以缓解病痛。亲近泥土，享受着阳光，呼吸着绿色植物呼出的气息，这个时候的你是最健康的。

有人说：身心都不健康的人，应该去做五六年的农夫。人的堕落就像物品的腐败：物品腐败了，只要埋进土里，就可以分解出干净的植物养料；人也是如此，如果堕落了，只要接近泥土，就可以成为清洁而健康的人。

播种时，我的手与土地融为一体；

希望种子快快成长，我的心灵与阳光融为一体；

浇水时，我的手与水融为一体，渴望滋润大地和幼苗；

施肥时，我的心与肥料融为一体，渴望供给幼苗充足的养分；

于是，吃到果实时，我的身体与大地融为一体。

9 月份的明尼苏达临近中午的时候仍然非常炎热，太阳光线没有任何阻拦地直射在大地上。我和尼克一大早就一起去土豆地里挖土豆，但是因为今年土豆的长势不好，临近中午还是没有完成挖两桶土豆的任务。我们俩又不想下午再走那么远的路去挖土豆，所以到中午吃饭的时候，我们还在工作，直到把两桶土豆挖完才回去。这个时候的我可能有点中暑了。回去的路上我和尼克推着小推车，遇到了那棵因为暴风雨横倒在路中央的大树，这棵大树直径有近一米宽。我先迈了过去，接着，搬起小推车的一头。尼克刚要搬着另一头迈过这棵大树，我这边突然滑脱了手，小车砸在了大树上，把我的手也重重地砸在了大树上。一刹那间，只觉得钻心的疼。尼克赶紧把小车搬了过来，我坚持着往前走了几步，但突然就觉得心脏很难受，接着就两眼发黑了。这下把尼克和琼吓坏了，琼连忙抚摸我的后背，又让我赶紧喝水。还好，我一会儿就恢复了。尼克后来跟我开玩笑，拿着我的手，在我被砸伤的手指甲上亲了一下，说："是我不对，当时让你搬了重的一头。我亲一下就好了。"我跟他们笑着说："中国人常说十指连心，我这次是充分体验到了。"

每周来我们农场的那些放暑假的孩子们，一些来自城市，当他们看到这些自己饭桌上熟悉的植物的时候，会大声地喊，"这是豆角、胡萝卜……"这一刻，他们感受到了自己餐桌上的食物和大地的关系。我们教他们摘豆角、拔萝卜，他们会跟我们一样拔出萝卜后用手擦擦就吃，那一刻，他们不再与土地疏远。

我特别喜欢那些孩子。他们每次来到农场都会老远就喊我的英文名字：CiCi，CiCi……每次分组活动的时候，三个小组都会争着让我带领他们那组。希望他们幼小的心灵里能够留下一些关于一个中国女孩的美好回忆。

当我们种完蔬菜之后，更多的劳动就是除草和收获了。有时候，早晨我提前来到农场，慢慢地在每一排植物中行走，发现有些植物好像一夜之间就长大了。我们几个人有一个比赛——猜什么时候第一个西红柿成熟到可以吃。

除草，由一开始的枯燥，变成了现在的一种享受，因为你可以跪在地上，或者坐在地上，享受与自然的亲密接触那一刻的宁静，还可以思考很多事情。甚至有一次去月亮石农场，奥朱瑞问我现在在农场最喜欢干的活是什

爱玛在地里

么，我的第一反应竟然是除草。

当你跪在那一片土地上的时候，你看到的世界是不同的。小蚂蚱有时候突然出现在你面前，秋天的时候它们就长大，颜色也会变深。有时候我会抓住它观察一番，再放它回到大自然中；有时候，在挖坑准备移苗时，却突然蹦出一只青蛙，但倏的一下就消失了；一些小的有胡须的飞虫，有时候会飞到手上，用它小小的胡须胳肢我；有时候，还能发现很多辛勤工作的蚯蚓，母鸡们眼也很尖，每次我们除草或者翻地，它们都跑过来捉这些蚯蚓；有时候，在西红柿地里除草，听见倏的一声，一条小蛇从干草里钻了过去。

通常，我们干活时会戴上一种护膝——其实叫"跪得容易"更形象，这样跪着的时候，膝盖就不会被坚硬的土块弄伤。有时候我会戴上手套拔草，因为有一种草有非常锋利的刺儿。你能感觉到这些植物在不同的土壤中的生长情况；你能够看到那些在一块盖保护膜中间的植物与两边的植物间的差异；你能够观察到那些破坏这些植物的害虫，甚至是发现那些杂草与它们周围的植物是何等的相似，这不就是自然界的奥妙吗？

如果不是跪在土地上，与这些动植物近距离接触，怎么能感受到这么多乐趣？

除了份额的运送，从 6 月份开始，我们最主要的任务就是不断地种植。有机种植不能使用化学合成的农药化肥，但不意味着放弃管理。这两周我们主要种了西红柿、辣椒和瓜。其实在种植上也有一定的科学性，比如，喜阴的植物可以挨着大棵的西红柿种，因为有些品种的西红柿的枝叶非常繁茂。这次我们种的一种西红柿据说主干有一人多高。再比如，每年每一块地要轮作，这样可以避免相同的害虫和杂草。还有，我们在第一排地的末端种了一些有颜色的花，据说这种花能够吸引害虫；在西红柿秧的上端放两小张报纸，可以防治害虫，等等。

有时候，把 9 月份刚拍的照片找出来，再看看最初几周我们刚刚种下那些蔬菜时的样子，总有很多感慨，觉得时空突然缩短了，想到了我刚来到这里的那些日子。

那些植物都长大了，有的已经走上了餐桌，有的还在地里努力地生长。看第一周的那些照片，地里光秃秃的什么都没有，再看现在，完全是不同的景象，一片生机勃勃。而我也在成长，逐渐适应了这里的一切，有时候也会觉得身心疲惫，每天在太阳底下 8 个小时的体力劳动之后，回家后还要做脑力劳动，看一些关于 CSA 的资料，看朋友们推荐的几本书，思考和对比什么是我回国后可以用的，什么是值得我反思的。现在我已经喜欢上了这样的生活，尽管辛苦，但却是有意义的，对于地球是负责任的生活。

所有蔬菜中我最有感情的是中国大白菜（Chinese Cabbage），每次听到他们说这个单词，我都觉得格外亲切，总觉得这种蔬菜跟我有什么血缘关系。醋熘新鲜的大白菜、肉炒西蓝花、凉拌甘蓝、小葱拌豆腐、肉炒豆角、肉炒蒜薹……我已经能够用我自己劳动培育出来的蔬菜做出各种各样的美味了。这种乐趣恐怕只有亲身体验过，才能懂得。

美国人对美国中部地区有一种称呼，他们说中部地区是心脏地带（Heartland），开始我不知道关于这个说法的故事，但我却从我的角度得到了答案——

这里是可供心灵安家的地方，这里的民风淳朴而善良。

让我们离土地更近一点吧！

美国报纸对我的
报道

你可能永远都不知道你的行动会带来什么结果。但是如果你什么都不做，将没有结果。

——甘地

第一次在报纸上看到整版关于我的文章，从中也可以看到美国人和美国的媒体关注中国的哪些方面。这个报道文章的题目是《石嫣，地升农场的实习生，想要在中国建立第一个"社区支持农业"农场》，全文如下：

当地媒体对我的报道

石嫣，地升农场的实习生，想要在中国建立第一个"社区支持农业"农场

一个从中国北京来的女孩有一个非常雄心勃勃的计划——回家后建立第一个"社区支持农业"（CSA）农场。她现在已经打破了一个惯例——她是第一个到美国当农民而不是去大学的研究生。

石嫣于4月18日来到地升，将在这个农场待半年时间，并学习经营一个有机农场的各个方面，从在温室中播种、浇水到收获。在我采访她的那天，她正在往装鸡蛋的硬纸盒上粘贴日期和商标。那些鸡蛋是散养的母鸡下的，它们将被放在份额成员的箱子里。

当我问到她怎么来到这里时，石嫣说，她的导师温铁军去年曾到哈佛大学做一个报告，之后他在农业贸易与政策研究所的帮助下访问了很多明尼苏达州的CSA农场，他对这个类型的农场很感兴趣。在这之后，另一个在她们学院工作的教授周立来到明尼苏达并在这里做了一个月的研究。然后，他推荐石嫣来美国做进一步的研究，研究的方式就是通过亲身跟随整个从种植到收获的季节获取资料。农业政策与贸易研究所为石嫣选择了地升农场。

石嫣目前在中国人民大学农业与农村发展学院攻读博士学位。中国人民大学位于北京，是一所重点大学，她的导师是农业与农村发展学院的院长。石嫣目前的研究关注于有机农业领域。她是石嘉辰和耿素芬的独生女，她的父亲在保定供电局工作，母亲退休前在化工厂工作。

"你能告诉我你学了多少年英语吗？""实际上，我从很小就开始学习英语，因为我的祖父能够说四种语言。正式地来说，我从初中开始学英语，也就是说，到现在我已经学英语11年了。"

"在中国，食品安全问题越来越严重了。在中国五千年的历史中，只是从上个世纪开始，农民才开始越来越多地使用化肥和农药。在中国，我们有8亿农民，占人口总数的近60%，所有的中国农场都是小农场，平均每个农民只有1亩多地。大多数农民的收入非常低，所以他们想要更高的产量从而

多挣点钱维持生计，代价就是使用更多的化肥农药，也因此食品安全问题变得越来越严重了。"石妈说。

她接着说："在城市生活的人不关心他们的食品从何而来，而这些食品饱含着农民的汗水和他们每天的辛勤劳动。"她补充道，中国的农民都是步行到他们的地里劳动。因为土地规模小，中国的农民一般没有大型机械，他们经常用铁锹、犁、锄头。他们在种植和收获中一般都是用双手和一些简单的工具。有些农民也会一起雇收割机进行收割。

石妈这样解释关于农产品营销："首先，大部分农民会将他们的产品卖给中间商，但是在偏远地区，因为农民不能获取市场的信息，一些商人就会以非常低的价格收购这些产品；其次，一些农民也会和公司签订订单；还有一些农民直接到市场上销售他们的产品，类似于这边的农夫市集。"

她很仔细地阐述了农业与农村发展学院的理念——你的责任不仅仅是写文章、发表文章，你还有对国家、对农民的责任感。所以学生不只是待在实验室里，他们要走出学校，到社会中去体验现实。她想要成为一个行动者和为农民说话的学者，因为实践出真知。

石妈通过博客与她的大学联系，她每周一般写两到三次。"所有我的同学和其他人都能读到我写的东西，了解我正在这边做什么。每天都是新的开始，都是学习的过程。"她解释道。

石妈说她希望回到中国后能够传达有机农业的理念，向中国农民传递如何实践 CSA。

她第二个目标是希望学院建立一个比较中美有机小农的项目。她希望建立中国的第一个 CSA 农场。"我知道这很困难，但是我相信我的导师和有相同理念的人会帮助我，因为我们在这个领域有很多的经验，我们的学院有很多好老师和实验区。"石妈自信地说。

石妈对于地升的产品非常激动，那些蔬菜和鸡蛋尝起来味道要比一般的好多了。例如，她注意到，比起普通鸡蛋的蛋黄，那些散养的母鸡下的蛋的蛋黄颜色更深。

石妈正在体验一些她以前没有吃过的美国食品。她也说那些蔬菜从地里到餐桌只有几个小时，更加新鲜。中国的农民种植玉米、小麦、水稻、大豆和各种蔬菜，如菜花、西蓝花、西红柿、土豆、白菜、辣椒、大葱等。中国北京的温度要高于明尼苏达州，但是基本上属于一样的种植季节。她笑着说："在这个温度下，在中国我们还穿大衣呢，而美国人都穿短袖了。"

来到明尼苏达州之前，她在网上搜索关于这边的信息，让她印象最深刻的是明尼苏达州数以万计的湖泊和河流。"明尼苏达州的气候让我很吃惊，经常有大风，还有暴雨。另外，美国人爱吃甜食的程度也让我很吃惊，如果在中国每顿饭都吃甜点，那是难以理解的。"石妈说她与其他的实习生还有农场经营者有一种相似的感受，"我们都享受本地化和新鲜的食品，我们喜欢有机耕作，我们都希望我们有一个丰富多彩的人生"。

石妈有机会就去访问周边的其他的 CSA 农场，在 9 月底项目结束后，她将旅行一段时间。

她总结说："在地升工作和很多来农场的人都非常善良，对我也很热心。他们对我微笑，说话时尽量保持慢速。我非常感激他们为我做的一切。他们将是我一生的朋友。"

逛美国的农夫市集

> 大部分人都不只想要喝汤，他们希望在心中感受到爱、被需要感还有平和。人与人之间的接触是非常重要的。
>
> ——多洛斯修女

2008 年，我在美国明尼苏达州的地升农场实习时，农场的产品销售渠道除了社区支持农业（CSA）以外，还会参加蒙得维的亚地区的农夫市集。每周四下午 3:30 到 6:30 是这个农夫市集开放的时间，周六上午也会开放半天，但是地升农场只参加周四的销售。

琼不喜欢参加农夫市集，她觉得市集作为一种销售方式有很多不确定性，所以每周只有尼克带着我们三个实习生中的一个去参加市集。我很喜欢跟着尼克一起去，一方面，这三个小时里，能见到更多的美国人，并跟他们交流，能够看到不同的人购买蔬菜的方式，能够体会对每次销售收入的不同预期。这可能也是和琼的想法不同的地方，我更喜欢这种不确定性，每周都能收获很多乐趣。比如，有些人虽然每周只买很少的东西，但每周都会来参加并和我们聊会儿天，看得出他们是食品本地化运动的支持者。还有一些人很有特点，有位妇女几乎每周都来，戴着副黑框眼镜，但是看菜的时候总是从眼镜的上方看，说话速度非常快；还有一个妇女经常穿得非常正式，每次都从一个摊位走到另一个摊位，在每个摊位都会待很长的时间，几乎把每一种蔬菜都仔细看一遍，还不时絮絮叨叨，看似在和我们对话，其实是自言自语。

我还认识了一对老夫妇，他俩每周都会来，并在我们这里买很多蔬菜。老两口特别慈祥，两个人也相敬如宾，每次来也都会特意跟我聊一会儿。9 月

地升农场的摊位

份的一天，老两口带着相机说一定要跟我合张影，下周要去外地的孩子家就不能来了，还留给我一张贺卡，说记得我曾经说过要过生日了，祝我生日快乐，让我称呼他们爷爷和奶奶。

后来了解到，美国人买食品一般都去食品店，很少到农夫市集，而且大部分地方的农夫市集每周只开放两三天。在农夫市集买的食品一般价格都要高于食品店的价格，原因可能有两点：首先，农夫市集销售的产品都是新鲜的、本地的而且一部分是有机的，而在超市可以以很低的价格买到外地运输过来的低价的非有机产品；另一个原因是，超市和食品店购买的蔬菜都是批发购入的，购入价要低于市场价，所以它们可以以低价销售。还有一个不同就是，市集上，农民销售的食品的产地几乎都是自家农场，也有一部分农民会从超市购买那些销售不出去的水果，进行二次销售，当然了，有的农夫市集限制二次销售的商品。

月亮石农场的摊位

专栏 | 地升农场农产品的售价

面包：3.5 美元 / 袋

鸡蛋：2.75 美元 / 打（12 个）

水萝卜：1.5 美元 / 捆

生菜：2 美元 / 棵

亚麻：2 美元 / 袋

小葱：1 美元 / 捆

洋葱：1 美元 /1 ~ 3 头（不同品种价格不同）

豆角：1.5 美元 / 磅

西蓝花：1.5 ~ 2.0 美元 / 捆

胡萝卜：2 美元 / 捆

甜菜：1.5 美元 / 捆

铃铛辣椒：1 美元 / 个

香蕉甜辣椒、辣辣椒：1 美元 /3 个

西葫芦：1 美元 /3 个

茄子：1 美元 / 个

蒙得维的亚农夫市集的其他农民

　　尼克告诉我，四年前地升农场曾经帮助组织麦迪逊地区的农夫市集，现在麦迪逊的农夫市集已经逐渐发展壮大了。由于地升农场在麦迪逊地区是最大的种植蔬菜的卖主，在这个地区的农夫市集建立起来之后，地升农场出于不想与其他小的农场卖主竞争的考虑，2008 年开始就不再参与麦迪逊地区的农夫市集了。尼克还说，今年我们参加蒙得维的亚地区的销售也不只是为了销售产品，是为了参与社区建设，帮助这个地区建立农夫市集。

　　一代人以前，在美国平均每个超市大概有 800 种商品，今天每个超市都有 30000 ～ 40000 种食品，而且冬季也能看到很多夏季的蔬菜，这些蔬菜可能来自世界的各个角落。

　　在北美的家庭中，平均每种蔬菜都要经过 1500 ～ 2500 英里的旅程，才能到达餐桌上。据美国农业部估计，每一年，食品和农产品在美国境内的旅程为 5560 亿公里，这个数据还不包括从海外进口的农产品。美国的食品比 20 年前要多旅行 25% 的里程。问题不在于这些数字，而在于这些数字告诉我们这些旅行消耗了多少能源。

美国农产品到达芝加哥终端市场和到达三番渡轮广场农夫市集的距离

芝加哥终端市场	三番 Ferry Plaza 农夫市集
（平均值，英里）	（平均值，英里）
苹果：1555	苹果：105
西红柿：1369	西红柿：117
葡萄：2143	葡萄：151
豆角：766	豆角：101
桃子：1674	桃子：184
冬瓜：781	冬瓜：98
青菜：889	青菜：99
生菜：2055	生菜：102

资料来源：爱荷华州可持续农业利奥波德中心（Leopold Center for Sustainable Agriculture in Iowa）。

农夫市集是目前美国食物本土化运动的一种，形式类似于中国的集贸市场或者说菜市场，本质却又很不一样。农夫市集能够让农民和消费者双方都获利。消费者能够买到本地种植的、新鲜的农产品，还可以知道种植这些农产品的农民是谁，农民则能够在农夫市集上挣到较高的利润。同时，农夫市集还能促进一种社区感，因为有的农夫市集会有一些简单的课程教给消费者如何保存食物，并教授简单的种植技术。有一些市场还会邀请一些音乐家或艺术家在市场中表演，让人们感觉农夫市集不仅仅是销售产品。

专栏　农夫市集的好处

对希望尝试直销的农民是一个好的切入点；

可以自己给自己的商品定价；

可以更好地让顾客了解你是谁和你的农场；

有利于了解顾客偏好并建立起好的信誉；

销售农场现有的产品，没有订单式的风险。

农夫市集的挑战：

产品不能保证全部售出；

顾客可能是忠诚于这个市场而不是卖主；

需要与其他卖主保持良好的关系；

需要更多地与人打交道和交流。

　　农夫市集不仅仅是一个销售的场所，更是一个社区交流和活动的场所，看一个地区的农夫市集，甚至能够看出这个地区社区的活力和影响力。

　　在美国农场的半年时间里，我代表地升农场参加了当地农夫市集，同时，

明尼阿波利斯的农夫市集

每次出门到一个地方都会作为消费者去参加当地的农夫市集。琼的老家威斯康星州的韦罗奎人口虽然和蒙得维的亚差不多，只有 5000 人左右，但是参加农夫市集的卖主数量和销售的产品的品种却能和拥有几十万人口的曼凯托（**Mankato**）相比。而作为明尼苏达州省府的双城地区的农夫市集虽然规模很大，销售的产品数量和种类也很多，但却能感觉到买卖双方的距离被拉远了，对于那些在市场上销售的产品，消费者还是无从知晓从哪里来，没有经验的人也不能判断是不是二次销售的产品，买卖双方也很少会交流除了商品以外的事情。而我们在蒙得维的亚的农夫市集，每来一个顾客都会先问：**How are you doing**（最近好吗）？他们也会询问一些农场和个人的情况。由于凯和安妮特在社区长期的积极活动，只要向顾客提凯和安妮特的名字，几乎所有人都知道她们两个，那种感觉是我们和消费者之间不再是买卖的对立关系。

因此，美国的农夫市集也是因地制宜的，但核心仍然是拉近农民与消费者之间的距离，让人与人面对面地沟通，而不再是面对冷冰冰的标签和商品。

以好价格从好人那里买好东西

> 要想不被压迫或者压迫别人，唯一可能的选择即是自愿合作。
>
> ——恩里克·马拉特斯塔

离开农场之后，我在美国还有两周的时间。第二周，IATP 给我安排了参观很多美国的非营利性机构，尤其让我感兴趣的是美国的消费者合作社。

消费者合作社起源于 18、19 世纪的农业和工业革命，由消费者联合发起、自愿联合成立，以满足社员对社会、经济和文化的需求，合作社的收益由所有的会员根据本年度的购买份额分享。

Linden Hills 消费者合作社

专栏　Linden Hills 消费者合作社的宣传单

合作社使命：

本地化购买

公平贸易

关注环境

健康和营养

会员费用：80 美元。

会员享有收益：

每年六次的折扣券，价值 60 美元；

每月仅针对会员的特价商品；

社区伙伴计划提供给会员特殊折扣；

课程费折扣；

免费通信和简报；

10% 预订产品的折扣；

在合作社选举中的投票权利。

消费者合作社通过减少中间环节，根据消费者真实需求选购安全、放心的产品，维护消费者利益，合作社收益根据会员的年度消费额返还。消费者合作社是建立在自助、自我负责、民主、平等、公正和团结的价值基础之上。合作社成员信奉诚信、开放、社会责任和关心他人的道德价值。

消费者合作社与传统企业的区别在于，合作社的目的是为社区提供就业机会和服务的一种组织，它满足的是经济的、社会的、文化的需求，而不单是企业的利润最大化。公司的财务剩余通常作为股金分红。在合作社中，剩余赢利被支付给创造这份价值的人，主要通过再分配、价格折扣和服务来体现。有时，社员选择把钱留在合作社作为保留金，帮助合作社资金运转，但这并不改变社员的权利。合作社的权利与社员紧密联系，每个社员拥有一票，不管他持有多少股份。而在传统企业，权利与资金密切相关。

消费者合作社的组织形式如下：

1. 自愿和开放的会员资格：任何愿意承担会员责任的人只要缴纳一定的入社费和定额股金都可以成为合作社会员。

2. 民主的会员管理：由社员选出一个管理委员会或董事会，负责经营管理工作。每个社员不论投资多少，都只有一票的选举权。

3. 会员经济参与：合作社组织起来为社员提供服务，而不是投资回报，通常没有股金分红。有的合作社会付给社员股金一定的有限的利息。合作社每年所得纯利，按每位会员购货额所占销售额的比例分红。合作社以低价或正常价格向社员提供商品和劳务。任何消费者都可以在消费合作社买东西，但只有社员才能参加消费合作社的大会和享受盈余分配。

4. 自治和独立：合作社社员自治、独立管理合作社运营。

5. 教育、培训和信息共享：成员教育是合作社的重要组成部分，每一个合作社都尽一切机会辅导会员，以确保选拔出来的职工能够理解合作组织和并能履行他们的职责。

6. 合作社之间的合作：所有合作社组织可在当地的、国内的、国际的范围内开展合作。

7. 关注社会：合作社关注社会的和谐发展以及社会问题。

唯之（**Wedge**）消费者合作社位于明尼苏达州明尼阿波利斯市，成立

公平贸易咖啡

于 1974 年，由一群关注健康、环境、可持续农业以及社会公正的邻居共同创建。现在，唯之已经成为美国最大的单体消费者合作社（没有连锁店）。

大部分消费者合作社都源自团购，最初由一些消费者组织团购一些健康、安全的农产品，随着消费者参与得越来越多和购买数量的增多和品种的扩大，就逐渐需要以店面的形式固定下来。

消费者合作社的一个最重要的核心就是"社区"。这个社区既指团结在一定地理范围内的消费者群体，又指这个消费者群体所关注的共同目标所涉及的群体，例如，有机耕种的农民。

很多消费者合作社建立初期都会要求合作社社员参与合作社的工作，比如每周必须到合作社劳动多少个小时，这样的目的也是降低合作社的成本。直到现在，美国还有很多消费者合作社坚持这一要求，因为这样可以让每一个人了解社区内的居民。

很多消费者合作社的规模很小，也不追求规模，有的合作社坚持提供相对低价的产品，这样可以保证更广泛的人群参与，不至于成为少数人的权利。我和唯之的总经理琳迪（Lindy）聊天的时候，注意到她不断强调"平等"这个词。

消费者合作社建立初期需要筹资，有些消费者会多出一些钱，超出股金的部分将被合作社作为"借款"留在合作社，并在合作社实现赢利时首先考虑偿还。

1992 年，唯之消费者合作社在旧址旁建成了新的销售点，1997 年又将零售点扩充为原来的两倍大小，之后，唯之消费者合作社伙伴仓储中心迁入新址。唯之没有像很多消费者合作社一样，在有利润之后就在其他地区建立分店，而是在现有的基础上扩大，并增设其他与使命相关的业务。2007 年，唯之消费者合作社收购了 Eagan 有机农场，并建立了有机农场学校。琳迪说，当时购买这个农场，是因为他们发现很多年轻人希望学习农业耕作技术，而如果没有年轻人继续耕种，那么未来合作社的产品来源也就会受到限制，所以购买一个有机农场作为年轻人培训的学校，这对于合作社的使命来说是非常重要的。

唯之消费者合作社现在已经通过了有机认证。

消费者合作社中顾客在购买奶制品

专栏 | 有机认证的要求

有机系统计划（OSP，Organic System Plan）

理解并严格遵守食品标签的规定

在各个方面避免产品的相互混杂和污染

核查能力——所有产品来源都可回溯到农场

卫生和虫害管理措施

年度检查

　　每个合作社对产品的要求都不同，有些合作社只要求"安全、放心"即可，而有些合作社则强调合作社产品对环境是友好的。唯之有 40% 的产品是有机产品。

　　总经理琳迪说，有很多美国的消费者合作社的店内布置、货品摆放、经营管理都很糟糕，因此一个懂得经营管理的人来运营合作社对于合作社的可持续发展非常重要。琳迪有 20 年的零售商店管理经验，在来到合作社之后，她很快掌握了合作社的核心理念，并将她的管理经验应用到合作社中去。唯之消费者合作社一进门的货架，上面的蔬菜会标示出是否有机生产，是否是本地生产（本地的概念在这里是指与明尼苏达州紧挨着的五个州）。

　　大量货物购买部门会购买很多谷物类产品，合作社鼓励消费者自带容器来盛装，减少重复包装。

　　菜架上面的两块板子标明了生产蔬菜的农场以及农民的照片，消费者合作社很强调生产者和消费者的直接联系。每年合作社还会组织专门的会议，让农民和消费者面对面。唯之消费者合作社经常和农民在季节之前就议定好

（个）

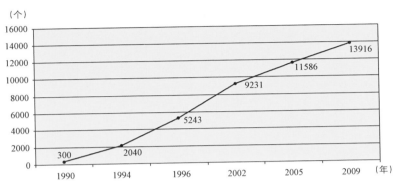

图一　唯之消费者合作社成员数量变化

（百万美元）

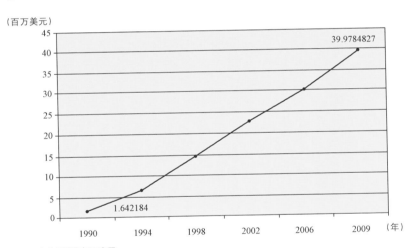

图二　合作社销售额示意图
自 1990 年至今，唯之对会员的消费返款金额已经达到 1066.3 万美元

一个价格，而且几乎从来不和农民讨价还价，甚至给农民高出预订的价格，尤其是在市场情况好的时候。

　　如何评价消费者合作社和全食食品超市（Whole Food，美国最大的有机食品零售商）？ IATP 的主席郝克明讲了一个故事。曾经有一年明尼苏达州发洪水，很多附近的农田损失惨重。当时唯之马上组织合作社成员和

IATP 共同组建了一个抗洪基金，后来收到捐款 30 多万美元，帮助给他们供货的农民挽救损失。与此同时，全食公司却马上与一些农民说明停止了合同。有人将这个场面摄下来放到了 YouTube 上，引起了很多人的关注。后来，全食公司也公开表示会支持农民，帮他们渡过难关。

总之，消费者合作社强调人、地球和效益的可持续性联系，通过促进社员、顾客、商贩和农户之间的互动，提供优质的食品，在赢利的同时，社员们也形成了一个社区，为我们的子孙后代提供更好的环境。正如琳迪反复强调的那样，消费者合作社是"以好的价格从好人那里买好东西"（buy good things from good people at good price）。

一等人忠臣孝子，两件事读书耕田。
——纪晓岚

难忘的 26 岁生日

　　周末，我和尼克、琼还有尼克的两个高中同学去镇上的庙会（Country Fair）玩儿。

　　庙会在古罗马时期是一个节日，在这个节日里工人们都会休息。在后来的几个世纪里，商人都会在这个庆典上销售他们的小商品。这样的庙会一直延续下来，特别是在守护神的斋日里。

　　和中国的庙会不一样，这里的庙会有很多不同的展厅。很多人会带着自

我和我的获奖作品

己家的动物参加展示，这些动物都很不寻常；还有的人展示自己农场种植的蔬菜。琼就以我的名义将我们有一次挖出的一根"多脚"的胡萝卜提交参赛，他们希望能得一等奖，获得的丝带可以送给我做生日礼物。组委会将这根胡萝卜分到了非同寻常蔬菜（**Abnormal Vegetable**）一组，最终被评为二等奖。一等奖被一个土豆获得了。虽然没获得一等奖，但我还是很高兴，真的感觉到了重在参与的乐趣。还有的展厅展示艺术作品、厨艺作品。

9月下旬，还有一周就要结束在农场的工作了，这周开始突然有一种复杂的心情，既盼望着赶快回家与亲人、朋友团聚，回到久别的校园，但又不

用旧靴子种植物

舍这里的一切——农场的全体成员，还有那些鸡、鸭、猫、狗、山羊……

有一天，安妮特突然抱着我说："石嫣，盼着回家吧？我每天看到你戴着红色的小帽子出现在农场干活都觉得特别高兴，真希望你永远都在这里，每天就都可以感受你那平和的心态了……"说着说着，她眼眶湿了，还没等我回话，她就赶紧转身走了。其实我眼眶也湿了。

在农场的最后两周也是最忙碌的两周，为了不在回去之后忙得不可开交，最担心的是现在有的感受会逐渐变淡，所以，挤时间在最后一个多月把这半年"洋插队"的报告写完了，觉得轻松了好多。同时，以我自己的能力在份额成员中做了个问卷调查，问卷返回率是 67%。数据还可以留给农场为下一年作参考，也算是对农场的一个贡献吧。另外我还访谈了几个不同类型的农场的农场主，对我研究中的案例部分作用很大。作为实习生项目结束的总结，我还在地升农场的理事会上做了 20 分钟的报告，以及在麦迪逊市里的一个妇女学习小组做了一个报告，都很成功。

9 月 24 日，我将在农场度过我 26 岁的生日，农场要为我召开一个生日聚会，同时也算是为我送行。

琼亲手给我制作了邀请信，信封和邀请信信纸都是剪下来的旧杂志上的图片，我拿着这些邀请信，觉得沉甸甸的，有点舍不得送出去。这个生日聚会与平时的聚会不同的是，"寿星"将为大家做中国菜。

这个聚会的缘起是这样的：

一天，我们正在除草的时候，尼克和琼跟我说想学中国菜，我满口答应。以前在他们眼中的中国菜，就是蒙得维的亚镇上的一家自助中餐馆里的味道，可后来发现我做的中餐并不是那样。他们说定个时间学做中国菜吧，就干脆定在我的生日这一天了，我为所有被邀请的朋友做中国菜，也希望能让他们更多地了解中国的饮食文化。

生日前一天，我几乎准备了整个晚上，先将所有要做的菜列了一个清

琼给我做的生日聚会邀请函

单，然后切葱末、蒜末，将明天要炒的菜切好。生日那天，我从下午 3:30 开始做，但之后就越来越感觉到压力，20 多个菜，四个灶眼同时使用，几乎都是两个菜同时炒。重压之下，我终于在 6:30 前做完了这顿饭，这时被邀请的客人也陆续到了。

我的菜谱

凉菜：	热菜：
凉拌西蓝花、菜花（放醋和不放醋）	鱼香肉丝
	宫保鸡丁
甜辣椒蘸酱	孜然猪肉
凉拌银耳	素炒胡萝卜丝
凉拌土豆丝	茄子炒肉
凉拌西红柿	西红柿炒鸡蛋
凉拌甘蓝	素炒土豆丝

让我特别高兴的是，所有我邀请的朋友都来了。农场为我举行了一个小型的开场仪式，先是凯和琼讲话，然后让我讲话。我说："特别高兴今天能有这么多朋友来。在农场度过的这半年时光我永远都不会忘记，我也永远不会忘记大家……"我还想继续说什么，结果喉咙突然哽咽住了。然后，大家一起为我唱了生日快乐歌。

所有的菜都被大伙儿一扫而光了。我开心地度过了我的 26 岁生日，期待、焦急、激动、感动、不舍……一天之内竟有如此丰富的情绪变化。

每次过生日都喜欢回顾一下过去的一岁自己走过的路。希望自己每一步都能踏踏实实地、坚定地走过来。25 岁的这一年，我经历了很多，但是在美国度过的后半部分是我整个 25 年的最亮点，并引领我找到新的起点。

这个时候，我想到的还有 26 年前怀胎十月，并将我抚养成人的妈妈，我想对妈妈说：

感谢您这 25 年来对我的养育之恩，我有幸出生并成长在这样一个家庭里，有您和爸爸，还有全家人。父母是子女最好的老师——是您，几十年如一日地对待自己的父母和公婆，如今，还在伺候 93 岁高龄的奶奶，您用自

我在准备生日宴

己的行动让我懂得了什么是中国传统式的孝顺；是您，让我从小生活在一个大家庭中，让我懂得了这个大家庭中每个人对我是多么重要，如何从大局考虑问题，由小家到大家再到国家；是您，真诚地对待每个需要帮助的朋友，无论他们的社会地位与经济状况如何，让我懂得了朋友这个词的意义，才使得我从小到大结交了那么多知心朋友，在异国他乡也能与别人真诚相待；是您，认认真真、踏踏实实地工作，无论在任何岗位上，即使最后单位破产，仍坚持站好最后一班岗，没有一丝懈怠，让我懂得了什么叫作责任；是您，尽管我们的家庭生活温饱有余，但仍朴素节俭，辛勤劳动，让我懂得了生活的不易以及如何从劳动中获得乐趣；是您，从小身体力行地告诉我怎么做人，才让我能够在这浮躁并物欲横流的世界上，不贪图权利、富贵和虚华，乐观而积极地看待生活和人生。谁言寸草心，报得三春晖。

艺术家的农场 | 农业首先是一门艺术。
——萨提斯·库玛

　　易绿农场（**Easybean Farm**）从居住环境上来看，不如地升农场整洁、温馨，是一种半原始的状态。后来，见到这个农场的农场主迈克，又见到他的妻子美琳娜（**Melina**）——她是一个农民，还是当地著名的艺术家。我开始认为，年轻的麦克一定是继承了他家庭的农场，才开始经营农场的。后来他告诉我，他从小生长在纽约市，家中没有任何农业的背景，他大学时的专

易绿农场的主人迈克和美琳娜

业是生物学，这个专业对他的影响比较大，从那个时候他开始关注植物和食品。大学毕业后，他先在加州做了两年的实习生，之后就决定找一块农田耕作，当农民。当时他家人都认为他疯了。后来，迈克移居到明尼苏达州的米兰镇，在租了这片农场两年后，买下了它。

农场总面积为 180 英亩，其中 12 英亩土地作为 CSA 耕作的土地。1996年，他开始种植蔬菜，并在农夫市集上销售，同时也批发给食品合作社和一些饭店。迈克的妻子美琳娜 1998 年和迈克结为夫妻，之后他们决定将农场转变为社区支持农业的形式。迈克认为社区支持农业很符合他关于本地食品系统的理念，能够提醒人们食品是如何被生产的，同时也能够为都市人提供健康的产品，提高人们对环境的重视程度，还有与农民分享种植的风险。迈克认为，由于 CSA 的模式是，在季节之初份额成员就已经预付了这一季度的费用，因此 CSA 的一点好处就是，农场主不用为市场担心。2008 年，他们的 CSA 份额成员由最初的几十个发展到了 250 多个。

迈克说他和妻子选择当农民，是因为他们热爱这种自由的生活，他们认为孩子们在这里可以度过一个更加美好的童年，而不是沉浸在各种补习班之中，他们可以从小和各种动物一起长大，可以捕鸟捉蝉，可以在自家附近的河里游泳。美琳娜是一个艺术家，农场中有一间她的画室。将艺术带进生活，带进农耕，这何尝不是一种快乐……

又想起了 19 岁的爱玛的经历。她大学期间选择半工半读，22 岁毕业后找了不同的工作实习。

我问自己，为什么我们有这么大的差异呢？我们喜欢遵循那条指定好了的路线，一步一步地走，小学、初中、高中、大学、研究生，工作、结婚、生子，我们为什么不让自己更丰富一些呢？

当然这个问题的背后有很多非常复杂的社会、经济、历史原因，中国是一个资源禀赋有限的人口大国，很多问题都由此而生。我们这一代年轻人很

易绿农场的景色

多都是独生子女，我们的身上肩负了更多照顾家庭的责任；我们希望能够有
稳定的生活，我们希望光宗耀祖，我们希望能够更好地照顾自己的家人；当
我们毕业之后，面临自己找一份喜欢的工作和一份很快能得到持续收入的工
作时，我们往往会选择后者，因为我们背负了太多的社会压力。

　　超越意识形态、不带价值判断地去看这两个社会和生活在这两个社会中
的年轻人，不能说哪个好哪个坏，只是，我希望能够有更多的人生选择，能

够看到这个地球上更加丰富多彩的一面，因为每个人都有选择生存方式的权利。如果只看短期利益，为了物质的极大丰富而急功近利，将会失去更多美好的东西。

迈克最初发放传单，是给在双城地区他们认识的人，之后让这些朋友传播关于他的农场的情况。最初易绿农场的 30 个份额成员基本上都是他们的家庭成员和朋友。迈克强调说："从小规模开始并且知道你要向哪个方向去。"CSA 的特色就是口口相传，所以，信任你的份额成员是你事业提升的关键因素。

易绿农场的运送季持续 18 周，每一周每一个份额成员都会收到一箱不同品种的应季产品，通常是 12 ～ 15 种。每一整份份额是基于两个成人和两个孩子的家庭一周的需求。迈克每一年都记录每一垄的产量，这样他就可以对比每一年的产量，并尝试发现问题所在。迈克在每个季节末都会做一个调查，来帮助他计划下一个季节的工作。有一半的顾客希望有基本的产品，如西红柿、胡萝卜、土豆等，还有一部分顾客希望更多的品种和更多的国外品种。迈克会平衡这两种需求，每一周的份额中大部分产品都是基本产品，同时有一些国外的品种。他同时还会考虑盒子内产品的美观度，比如颜色和品种的搭配。迈克说份额成员对他的支持体现在，一些成员会发邮件赞扬这些蔬菜的质量和口味。他认为这是份额成员对农民最大的鼓励。

CSA 是劳动力密集和时间密集型的一种农业模式。初春，迈克会在地里撒混合肥料为种植做准备。季节初的大部分时间，迈克都在温室里育种。当室外温度适宜的时候，就可以将温室里的种子移植到田间。秋天，迈克种植覆盖作物，一方面可以控制水土流失，另一方面也可以作为绿肥来使用。迈克与邻居分享一些设备，这些设备每年只用几次。他还花费很多时间给西红柿、孢子甘蓝修剪枝条。在害虫管理方面，迈克会使用生物控制技术，例如 Bt（Bacillus thuringiensis）。

每年，迈克雇用 6 个实习生，这些实习生生活在农场；目前还有一个农场经理，主要负责实习生的管理。平时，也会有一些朋友或邻居到农场来帮忙。

运送季节开始于 6 月，周二和周四迈克和美琳娜还有实习生收获、称重、清洗和包装。他们有 10 个运送地点，这些运送地点基本上是份额成员的家庭所在地。他们会将运送的箱子放在运送地点的阴凉处，份额成员自行来取。周二他们会运送乡村地区的份额，每周五运送双城地区的份额。目前的 250 份份额，其中 200 份都是来自双城地区。每一周，迈克还会制作一份简讯，包含菜谱信息和农场动态，以及他的一些理念。

2007 年，易绿农场的全额份额价格根据配送点远近区分为 475 美元和 465 美元两种，半份额价格为 360 美元和 350 美元两种。他们的份额成员得到的产品价格与他们销售给食品合作社的价格相同。迈克认为，至少需要 90 个份额成员才能得到设想的利润。2007 年农场的净收入是 55000 美元。

迈克在双城地区的报纸上做广告，同时也参加绿色生活展览，通过这个展览招募到了几个份额成员，并且也参加了"土地工作项目"的 CSA 网络。但是，迈克还是认为，口口相传是目前成员发展到 250 多个的主要原因。

1996 年到 2003 年，农场进行了有机认证，每年的费用大概是 500 美元，但是，后来迈克发现，CSA 模式的基础就是成员和农民之间的互相信任，既然他的操作方式是符合有机标准的，就不必再拿这部分钱进行有机认证，而且还可以减少很多记录的工作。

迈克认为，没有负债对于一个 CSA 农场的成功是至关重要的。迈克 1998 年花了 60000 美元购买这家农场，他认为当初的购买对于易绿农场日后的发展没有债务负担起到了关键的作用。在购买设备方面，迈克认为，如果不打算扩展土地规模，那么可以购买适合目前状况的设备；如果打算扩展土地规模，而每年更新设备的话，将会很没有效率——这些设备贬值得很快。

迈克说，刚开始做 CSA 的时候会出现很多错误，他认为他的两年农场实习经验非常宝贵。他也建议与其他有经验的 **CSA** 农场主或种植蔬菜的农民建立关系网。他参加了美国中西部地区有机种植者会议，从那里得到了很大的帮助。

对于迈克来说，小规模农场并不以土地规模作为划分标准，那些由一个家庭所有并经营，没有高额负债的、非工厂化的农场都可以称为小农场。

迈克带我们在农场中散步。整个农场分布在一条河流的两岸。农田不是连接在一起的，而是分散在河的两岸。河水的哗哗声伴着茂密的丛林。迈克说，当时他买下这个农场时，就希望能够保留这里原始的痕迹，他不希望这里有太多的改变。当我们漫步在农场中时，呼吸的空气都是清爽的，可以一直到达身体的最深处。因为这个农场靠近河水，又由于这么多年的有机耕作，土壤质量非常好，手很轻松地就可以插到土里，抓起一把泥土。比起这里，我们农场（地升农场）的土壤就显得差一些了。

自然环境永远都是一个系统，不可能独立于其他的环境要素，就像河流、森林、土壤之间的关系。

你好！哈洛！

在这个世界上，没有任何东西在自由市场中销售，即使是一粒谷物。自由市场只存在于政客的演讲中。

——德韦恩·安德列斯

访谈哈洛，给我印象最深的是他说的一句话，"我选择当农民，是因为我想当自己的老板。"他喜欢种植、修理机器，喜欢自己可以决定自己的时间。

1870 年，哈洛的曾祖父购买了哈洛现在的农场。当时的面积是 160 英亩。哈洛 1973 年高中毕业后回家务农，在 1978 年又另外购买了 127 英亩土地，1995 年再次购入 158 英亩，现在还租了 150 英亩，总共 595 英亩土地，耕种面积为 565 英亩。

哈洛租的 150 英亩土地不缴纳现金租金，收获时与土地所有者分享收获的粮食即可，他占有 60% 的份额，土地所有者占有 40% 的份额，同时，所有者与他还分担化肥和农药的费用，其他费用由他自己承担。

哈洛和我

1973 年，哈洛开始与父亲一起种地，一直到父亲 1994 年去世。1993 年前，哈洛和父亲每年种植的除了大豆和玉米外，还有大麦、小麦、燕麦等，但之后，哈洛就只种植大豆和玉米了。1968 年到 1970 年，家里还养过十几头牛和几十只鸡，但到 1975 年，因为利润太小，就停止养牛和鸡了。1975 年到 1995 年，家里开始养猪，从 50 磅养到 250 磅，然后卖到购买站（Buying Station），当时家里养了大概有二三百头猪。购买站从周围的农民手里收购成猪，然后找屠宰厂屠宰，再进行销售。不过，1995 年后，由于农民养猪的规模越来越大，由几百头增加到几千头，这些农民开始直接和屠宰厂联系屠宰并销售。工业化养殖越来越多，导致大量购买站倒闭，于是，哈洛和父亲决定不再养猪了。

哈洛说，高中毕业后，他决定回家和父亲一起种地，因为他觉得自己喜欢农耕的多样性，比如可以种地、可以修理机器、可以销售自己的产品，总之，就是"可以做我自己的老板"（Be my own boss）。

1978 年开始，哈洛逐渐购买一些机械设备，但没有购买大型的机械设备，所以目前没有这方面的债务，不过，在父亲去世后，由于哈洛购买了其他四个兄妹继承的那部分土地，所以，目前他需要偿还这方面的债务。

哈洛 10 年前参加了政府的"保护地计划"（Conservation Reserve Program，CRP，即与政府签约，按政府的要求保留一部分闲置土地，以保护生态环境的可持续）。哈洛和政府签订了 10 年的 30 英亩地的合同，政府每年付给哈洛每英亩 70 美元，因此，哈洛每年参加 CRP 的收入为 2100 美元左右。这个十年期的合同今年到期，哈洛说他决定不再参加这个计划，因为现在如果将这 30 英亩土地出租的话，每英亩租金为 110 美元左右；而如果哈洛自己耕作的话，按照现在的市场价格，大豆 11 美元／蒲式耳，玉米 5 美元／蒲式耳，每英亩平均可以收获 40 蒲式耳的大豆或者 100 蒲式耳的玉米，这样计算，每英亩土地如果种大豆收入约 440 美元／英亩，种玉米收入约为 1000 美元／英亩；也就是说，无论是出租，还是自己耕作，收益都高于参加 CRP。他说当年参与这个计划的原因是，"有人给我付钱"。

哈洛回忆说，玉米的价格维持在 2 美元 / 蒲式耳左右已经近 40 年了，但是，从去年开始，玉米价格上涨很快，平均销售价格在 6 美元 / 蒲式耳。他说，1975 年由于干旱收成少，玉米的价格曾经上涨过；1995 年降水太多也导致玉米价格一度上涨。这两次价格上涨都是由于天气原因，而从去年开始的这次价格上涨则是因为对玉米需求的增加。这个需求来自玉米制乙醇工业的需求。去年价格上涨后，政府在农民中做过一个调查。调查结果显示，农民都说下一年准备多种玉米。这个调查报告公布后，一些大型的中间商为了在来年买到充足的大豆而联合提高大豆的价格，从而导致目前大豆和玉米价格同步上升。

哈洛的销售方式是通过自己的销售顾问（Advisor）卖给周边城镇的收购站（Elevator），比如距离农场 6 英里的麦迪逊，距离农场 8 英里的多森（Dawson），距离农场 13 英里的艾普顿（Appleton）。这些购买站实际上是一些大型的中间商，因为谷物价格是由芝加哥的大型谷物交换中心发布，而这个价格是由很多中间商与国内、国际的大型购买商通过不断的讨价还价决定的。这些购买站有一部分是由大型的企业拥有，一部分是合作社性质。合作社性质的购买站由数百个人共同拥有，合作社定期根据收入返还利润。这几百个人选举出一个理事会作为代表，理事会会雇用一个经理，即销售顾问。

哈洛刚开始种地的时候，年总收入约为 70000 美元 / 年，净收入为 15000 美元 / 年，净收入约占总收入的 21%，而去年他的谷物总收入为 250000 美元，净收入为 35000 美元，净收入约占总收入的 14%。对比收入来看支出，种子的价格上涨了，由 20 世纪 70 年代的每 50 磅玉米种子（可以种植两英亩）的价格从 40 美元上涨到了现在的 325 美元，每 50 磅大豆种子（可以种植一英亩）的价格也由原来的 5 美元上升到现在的 32 美元。化肥的价格在 2007 年前变化不大，但是 2007 年价格翻倍。1970 年哈洛用在每一英亩土地上的化肥价格为 30 ～ 50 美元，现在在每一英亩上的花费约为 200 美元。哈洛说，一方面是因为化肥价格的上涨，另一方面，他在每一英亩土地上施用的肥料增加了。比如说氮肥，以前他施用 70 磅 / 英亩的化肥，现在是 130 磅 / 英亩，因此玉米的产量由原来的 80 蒲式耳 / 英亩提高到了现在的 160 蒲式耳 / 英亩。以前使用在每英亩土地上的除草剂价值 15 美元左右，后来提高到 25 美元，之后因为使用了孟山都公司的种子后又降到 3.5 美元 / 英亩。1998 年开始，哈洛开始使用孟山都公司的基因工程种子（GMO），并施用孟山都公司的除草剂。2005 年前，哈洛几乎不需要喷洒杀虫剂，因为这种种子就含有可以杀死害虫的基因，但是从 2005 年开始他又开始喷洒杀虫剂，因为出现了一种新的蚜虫（Aphid）。哈洛一般在合作社购买种子和化学药品，以前还曾在一些个体农民手中购买。哈洛猜测说，现在孟山都公司的农达（Round up）除草剂在中国生产，一度因为奥运会的缘故，这种除草剂的产量受到控制而导致价格上涨。

补贴方面，政府平均每英亩的补贴额为 13 美元，今年哈洛收到的总补贴额为 7500 美元。他不明白为什么政府要进行补贴，他认为补贴的这些钱对他来说并不重要。

在劳动力方面，哈洛基本上一个人完成所有的耕作，春季和秋季他会雇用他的侄子，春季 20 个小时，秋季 15 个小时，每小时付给他 10 ~ 15 美元的工资。

哈洛认为，自己现在耕作的面积对于他来说已经很大了，他不想再扩大规模。对于有机农业，他觉得很有意思，但是他认为，有机农业需要付出更多的劳动，而且需要购买大型的机械，他目前不想要太大的改变，因此短期之内还会像目前这样耕作下去。

哈洛是我们农场董事会主席多萝西的弟弟。多萝西和丈夫都支持民主党候选人奥巴马，哈洛却是非常传统的共和党支持者。他们政见的不同就像他们支持不一样的耕作方式一样。跟哈洛聊天，常常能被他的快乐所感染，他的笑声让我从很远就能辨识出来。然而，哈洛的农场在生物多样性方面不断

罗伊（左）、我和哈洛的合照被农场的人笑称为民主党、共产党和共和党的合影

退步，每年施用的化肥和除草剂也在增加。2009 年，哈洛那块参加了 CRP 项目的地也要开始复耕。

历史就像一辆滚滚前行的列车，哈洛虽然觉得当农民做了自己的老板，但是难以抵挡那些控制农田的农业企业的暗中操控。

从 19 世纪 80 年代晚期，特别是从 1996 年开始，美国政府开始允许美国国内农产品价格跌落，与此同时通过促进自由贸易开拓国际市场。农产品价格跌落，农民的收入因此而减少，此时的受益者是大型的农业企业，因为它们可以以低于生产成本的价格购入这些产品，以此来控制整个农产品的生产和销售。

从 1996 年开始，美国的几种主要的农产品，如玉米、小麦、大豆、棉花、水稻，价格跌幅均超过 40%，导致世界其他国家大量进口这些低于本国市场价格的农产品，从而给这些国家的农民生计带来影响。

美国从 1996 年开始加速农产品的自由贸易。政府忽视了对于农产品价格的管理，而将重点放在了加速扩大产量上，农产品价格下跌至低于生产成本的水平，如玉米的价格低于生产成本的 25% ~ 30%，小麦价格低于生产成本的 40%，棉花价格低于生产成本的 57%[1]。对于本国农民收入的下降，政府给予大量补贴，每年的补贴额度近 200 亿美元。（见图三）

然而，大量的补贴并不能弥补生产成本和市场价格的差距，美国农场陷入了"要么变大，要么走人"的困境，农场种植的多样化、独立性也不断地下降。大量的小规模农场通过与农业企业签订订单而生产受之控制。

由图四可以看出，从 1950 年开始，美国农场的数量不断减少，但农产品产量仍然保持相对的平衡。到 2001 年，农场的平均面积是 1950 年的 2.5 倍。

[1] *US Dumping on World Agricultural Markets*, Institute for Agriculture and Trade Policy, 2003.

165

从 土 地 到 餐 桌 的 变 革
你好！哈洛！

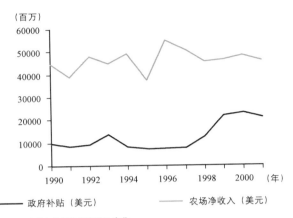

图三　政府支付与农场净收入变化
资料来源：美国农业部，国家农业统计数据

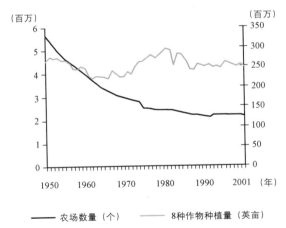

图四　美国农场的数量和美国 8 种作物种植量（1950—2001）
资料来源：美国农业部，国家农业统计数据

　　图五显示，美国农场的数量在 1920 年的高峰时期有 650 万个，但是现
在只有大概 200 万个。农场总面积自 20 世纪 40 年代以来不断下滑，但平均
农场规模已经从高峰时期的 148 英亩扩大到现在的 478 英亩。尽管 90% 的

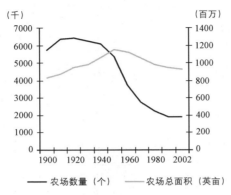

图五　美国农场的数量和农场总面积（1900—2002）

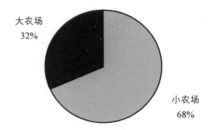

图六　美国大农场和小农场所占面积的比例

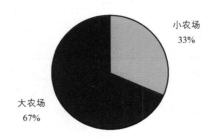

图七　美国大农场和小农场产值的比例

美国农场被定义为小农场——年总销售额在 25 万美元以下，它们只占 33%
的农业总生产价值，而那些大型农场却在 32% 的耕地上生产出占农业生产
总值 2/3 的农产品（见图六、图七）。

那么，谁是农产品低价的受益者？

主要是那些大型纵向整合的家畜生产者、跨国农商企业。

家畜生产者获利的根源，是它们可以以低于生产成本的价格购入饲料，而那些小型的家庭农场，由于它们的饲料来源是自己的农场，因此，这些小型家庭农场承担了饲料的全部成本。一份美国农业部的报告显示，从1994年到1999年，美国养猪场的数量从20万个降低到了10万个，到2001年底已经降低到了8万个。尽管养猪场的数量减少了，但是猪的总量却没有减少，为近6000万头 **(1)**。

那些跨国农商企业也是以低于生产成本的价格购买到农产品，从而加大了产品的利润空间。

美国农业市场能实现自我调节吗？

按照经济学供需平衡的一般原理，当市场价格上升时，平衡点的供给量会增加，反之，价格下降，产量会减少。也就是说，假定农民对于价格有反应时，他们将自己减少产量，以此恢复价格。然而，从美国农业政策的历史来看，农业市场并不能自我纠正，当价格下降时，产量并没有随之下降。因为当价格下降时，政府的反应是增加补贴，因此就造成了农民忽视市场，生产反而增加了。

市场的自我调节对于粮食生产非常重要，然而市场经常被干扰。气候的变化、进口国和出口国的产量都影响着美国的农产品市场。尽管粮食需求是刚性的，是随着人口的增加而增加的，但是粮食的需求不同于汽车和家电，并不随着收入的增加而显著增加。

---

(1) *Rethinking US Agricultural Policy: Changing Course to Secure Farmer Livelihoods Worldwide*, Daryll E. Ray, Daniel G.DE La Torre Ugarte, Kelly J. Tiller, 2003.

活着要懂得知足常乐
追求高雅但不奢华的生活
面对时尚
也能保持一种得体的优雅
做一个有价值的人
但不要过于在乎名望
做一个富有的人
但不要成为金钱的奴隶
努力地学习
静静地思考
轻声地说话
真诚地做人

敞开心扉去聆听
星星的话语
鸟儿的歌唱
小孩的呓喃
还有圣人的教诲

面带微笑地接受一切
勇往直前地做自己想做的一切
心平气和地等待着机会的到来
总之
不要让自己的精神过于空虚和无聊
而是让自己和普通人一样地成长
这就是我的人生乐章
　　——威廉姆·埃勒里·钱宁

当尼克和琼的"孩子"

尼克和琼送给我的小本

　　这是我和尼克和琼分别的那天，他们送给我的一本自己做的小书里面的话。这本小书是我这一生最值得珍藏的东西之一。我回国后常常在心情不好的时候打它，轻轻地翻开每一页，抚摸那用农场所在的地区的地图做的封面，读着那些触动心灵的文字，就仿佛尼克和琼在和我交谈。

　　在这本小书的第一页，他们这样写道：

亲爱的石嫣：

　　这本小书写满了一些我们最喜欢的诗和名言，有一些好的想法和鼓舞人的话，我们希望你能够从这些话中寻找到快乐。我们非常高兴能和你做朋友。希望你在学业上顺利，希望这些话能够带给你快乐，同样也能感染那些你人生路上需要帮助的人。旅途愉快！

最好的祝福

你的朋友尼克和琼

　　在农场近半年的生活，我接触和了解最多的就是尼克和琼。

　　尼克和琼今年都是 30 岁。尼克硕士毕业后曾经在地升农场做过一年的实习生，琼本科毕业后曾经在易绿农场做过一年的实习生，他们还在其他地

区的农场做过短期的志愿者。在此之前，尼克和琼在明尼苏达州北部的一个
环境教育的学校相识并交往，尼克还在阿根廷的一个学校当过一年老师。

尼克高高瘦瘦的，留着满脸络腮胡子，给人很原始的感觉。后来，尼克
跟我说有一次他参加一个活动，一个孩子指着尼克问他妈妈说："妈妈，那是
什么？"那个孩子竟然把尼克当成了动物。琼则是瘦瘦小小的，是挪威人后
裔。他们当时在距离农场20分钟车程的小镇米兰租了一套"奇怪"的屋子。

说这套房子"奇怪"，是因为这套房子是临街的一栋二层小楼的二楼，
整个房子的面积非常大，非常干净，屋子里几乎没有装修，但被尼克和琼布
置得很特别，摆放着尼克从河流中捡到的白色浮木、一幅巨大的斯堪的纳维
亚半岛的地图、自己制作的陶艺。还有一间非常特别的屋子，应该是房子主
人存放杂物的地方，屋子最里面还有一个很古老的升降式电梯，尼克说那是
过去运送棺材用的，这还着实把我吓了一跳。

我与尼克、琼的年纪相差并不大。可能是由于我独身一个人在国外的缘
故，他们经常会像带着孩子一样带着我回他们的家，会带着我一起做饭，饭
后，我们几个会坐在一起喝茶、聊天，有时候他们两个还会边弹吉他边唱歌。

俗话说，不打不成交。我和尼克、琼的友谊也是从"吵架"开始的。

还记得到美国的第二周，我第一次做午饭，为了做好这顿饭我费尽心
思，在请教了妈妈之后我决定做猪肉豆角馅儿的饺子。周三下班后，我兴奋
地跟尼克说，我要骑自行车到镇上的食品店买点新鲜的蔬菜。尼克却问我是
自己吃还是明天做饭时用，我回答说想明天给大家包饺子时用。这时，我发
现尼克脸上掠过一丝不高兴的神情，他说："石嫣，如果能够用农场现有的东
西，就尽量用农场的，午饭不用做得太讲究。除非实在必需，就让爱玛开车
带你去镇上买吧。"我想了想，没太明白尼克是什么意思。我从冰柜里拿出一
块肉解冻，然后准备和爱玛出发。这时，尼克和琼一起向我这个方向走来，
然后跟我说："石嫣，我们能为农场节省一点就尽量节省一点，现在农场里没
有新鲜蔬菜，这个时期确实比较困难，但过一段时间就好了，而且农场里还

有很多罐头蔬菜，你都可以用。"我突然觉得语塞，不知道该怎么辩解——我并不是想给农场造成浪费，只是觉得第一顿饭很重要，而且我也觉得我平时很少用黄油、芝士这类比新鲜蔬菜贵的东西。我认为只不过是我们的消费习惯不同。越想越难受，眼泪忍不住就掉了下来。

从农场回家的路上，我哭了一路，想到自己只身一人来到美国后遇到的种种困难。在农场生活是对我从前二十几年生活的彻底颠覆，自己以前还算比较节俭，妈妈总是怕我到美国后不舍得花钱，经常在电话里提醒我别老省着花钱，想吃点什么就买，现在却被别人说应该节省，这样一对比，总觉得自己受了很大的委屈。晚上冷静下来想了想，觉得这件事我们都没有错，而是必然经历的"文化冲突"。

第二天一早，我还和以前一样跟大家打招呼，尼克把我和爱玛叫到屋子里解释头一天发生的事，向我道歉并说他当时没能站在我的角度考虑问题，我们的健康是最重要的。我也向尼克解释了昨天自己哭的原因并不是因为生他们的气。我们又很快恢复到了以前的状态。可是，对这件事的理解却随着我在农场的时间越来越长、对尼克和琼越来越了解而有了不同。

有一次，我和琼聊起未来。我说我希望将来要两个孩子，因为我是独生子女，感觉自己有时候太孤单了。琼说："我想只要一个，或者不要，这个世界上人口已经够多了。"

这让我想到尼克和琼结婚典礼的照片，两个人的婚礼礼服都是从二手服装店买的。他们很少消费，平时吃的东西大部分来自农场，其他一些必需品都尽可能地在一些合作社购买，支持可持续农业的本地化购买、公平贸易。他们几乎不去饭馆吃饭，喜欢自己研究菜谱并尝试不同的美食。

我们唯一一次去饭馆吃饭是在爱玛离开农场之前。为了给爱玛送行，我们决定下班后去蒙得维的亚镇上的一个比萨店吃比萨。我们提前就知道这家披萨店盛比萨的盘子是一次性的纸质盘子，就像我们每次参加其他农场的聚会一样。可是这唯一的一次在饭馆吃饭，我们四个都觉得不舒服，吃的比萨也觉得不如自己做的好吃。

7 月下旬，我和尼克、琼一起开车 7 个小时，回琼父母家参加家庭聚会，从平坦的明尼苏达到威斯康星州，沿途看到了很多高山。这次旅行算是我到美国后的第一次长途旅行，终于走出了明尼苏达州。

琼对我说，这是一次很好的美国家庭文化的体验。的确，对于我来说，除了农场学习和研究之外，体验美国的风土人情也是一个重要的经历。很多时候，我们很难将某一种社会现象和一个社会的文化割裂开来。我们对"好"和"坏"的价值判断是掺杂了意识形态的因素，只有抛开这个因素，你才能发现事物的本质。

来美国以前，我眼中的美国可能就是媒体眼中的美国，我们这一代年轻人受美国文化，如电影、电视剧的影响很深。很多学英语的人应该都看过《老友记》（*Friends*），我曾经认为，那可能就是美国年轻人的生活和美国社会的缩影。可是这一次，我却看到了与那种生活完全不同的另一种美国的生活方式。

这次聚会是琼父亲这边的家庭成员聚会，我叫他们皮特森（Peterson）家族。聚会地点在威斯康星州的一个小镇韦罗奎（Virogua）。美国很多小镇因为年轻人去城市工作而缺乏活力，但这个小镇不同，充满了生机，我还听说很多其他的小镇将韦罗奎当作学习的典范。琼解释说，因为在这个镇上，有一群人致力于发展自己家乡的本土商业。对于遍布全球的大型超市，他们不说"抵制"，而说"食在当地，食在当季"。当你实现本地化购买的时候，不仅仅是支持本地的农业，更重要的是支持了那些在食品商业帝国操纵下、农业资本化大潮下艰难生存的小农。

每一位来参加家庭聚会的人都要签名，最后我签上了我的名字，我是第 89 个家庭成员。我几乎和 1/3 的家庭成员打了招呼并进行了简短的谈话。他们很好奇我是谁，我跟他们介绍说我和琼一样，都在地升农场工作。有趣的是，有些人甚至会问琼是谁。

学做土豆包

土豆包

　　晚上，客人们都走了，我和琼的父母、姐姐围坐在一起聊天，听他们给我讲家里的故事。琼的家人都对我很亲切，我们离开之前，我用中文在他们的留言簿上写了一段祝福语。

　　另一个周末，尼克和琼带我去尼克的姥姥、姥爷家。姥爷曾经在1946年因服役去过中国，我看到了很多他当时在中国拍摄的珍贵的照片。两个老人都80多岁了，还很健康，平时种一小块蔬菜地，还打理很多花和一个小果园。姥姥很喜欢做饭，她在家的时候谁都别想到厨房帮忙，她最喜欢说的一句话就是："你们这些孩子，忙你们的去吧。"后来尼克告诉我，临走的时候，姥爷对尼克说："谢谢你们带石嫣来。"

今年是尼克和琼第一次做农场经理，以前他们也都只有在不同农场做实习生的经验，所以这一年对于他们来说特别重要，整个季节他们脑子里的弦都绷得紧紧的。季节快结束时，他们笑着说："我们也可以写一本第一年当农场经理的书了，关于如何管理一个中国实习生和应对三次暴风雨的袭击。"

我和尼克、琼的分别是在尼克的妈妈家。IATP 的郝克明到尼克妈妈家接我。临行前几天，琼问我："石嫣，你还想要那个土豆袋做的包吗？"我以前说过想让琼教我制作一个她那样的土豆包。琼说："我们一起做一个吧，我来教你。"去尼克妈妈家头一天晚上，琼把布料都准备好，把土豆袋裁剪好，第二天早晨我们6点就起床了，为的是在郝克明接我之前能做好这个包。琼先教我使用缝纫机，然后给我演示了一下，之后就由我自己来做。用这个电动缝纫机的时候，我想起小时候玩妈妈的那个脚踏缝纫机，那个缝纫机已经在家中阳台的一个角落里落满了灰尘。

在美国的半年时间里，尼克和琼对我的影响最大，我实实在在地看到了本来可以选择我们多数年轻人"理想生活"的他们，却自觉地从改变自己开始，承担起对于地球家园的责任。

<table>
<tr><td>玉米王国</td><td>民以食为天。
　　　——《汉书·郦食其传》</td></tr>
</table>

有一部电影叫《玉米王国》(*King Corn*)，讲的是两个年轻人种了一英亩玉米地的故事。玉米已经融入了每个美国人的身体。也因此，美国也被称为"玉米王国"。美国是种植玉米和出口玉米比重较高的国家之一，而其中很大的部分都是使用转基因技术的玉米种子种植的。

转基因工程有机体(Genetically Modified Organism, GMO)是指将一种基因插入另一种生物的 DNA 片段，基因工程作物的目标是改变基因密码，使新的有机体获取某种新的特性。例如，在美国，最普遍的基因作物是"Bt 玉米"(Bt—Bacillus thuringiensis, 苏云金芽孢杆菌)，这种玉米能够在每一个细胞中产生一种细菌毒素，这种毒素能够杀死吃它的昆虫。那些生物科技公司告诉我们说，因为这种玉米能够自我产生"天然的农药"，所以它能够减少农药的使用量。可是，我们并不知道这种基因作物的长期影响。

很多人提出科技是改变农业现状的一种方式，比如说，他们不认为解决现在食品安全问题的关键是缩短从生产到消费的距离、减少运输过程中产生的污染、小规模健康地养殖动物、减少病菌的大量快速传播，而认为喷洒更好的农药、使用更先进的设备才是解决食品安全问题的方法。

另一个例子是精准农业。在过去的几年中，一些大型化学公司开始推广精准农业，利用全球定位技术进行大田监控，可以根据不同植物的需要喷洒不同用量的农药。但是，没有确凿的证据表明这种技术能够给环境带来任何好处，相反，有一些农民使用了精准农业技术后，喷洒的农药数量比以前的还多。更重要的是，这种设备的成本非常高，在小农国家，普通农民无法承担这样高的成本，即使使用了，也几乎难以收回成本。

另外，我们看到，推动生物技术的更多的是那些研究生物技术产品并以之为赚取利润的方式的公司。农业生物技术产业起源于20世纪80年代，数十亿美元投入到了庄稼和牲畜生物技术的研究，但是一直到20世纪90年代，实际上并没有多少商业产品研制出来，于是这些企业转向尽可能多地将这些产品投入市场，利用各种宣传手段让人们相信这些产品对于生产、生活的改善有多么重要，但其实这些生物技术产品很多还都是有缺陷的。这些生物技术产品更可能充当的是资本在农业中攫取利润的工具，并且通过整合，使更多的农民虽然拥有土地但却失去了对土地的控制。

玉米地

第一个生物工程食品走向市场是在 1994 年，到今天，美国成为世界第一大生产基因作物的国家：94% 的大豆、65% 的玉米、73% 的棉花都是基因工程的产物 **(1)**。虽然我们具有吃或者不吃某种食品的选择权，可是，目前大量的转基因食品因为没有标识，我们其实无法选择。

美国和加拿大政府联合投资了很多生产基因工程有机体的公司，像 Bt 玉米现在在美国和加拿大已经普遍种植了，这些基因作物的种子会随风或者通过鸟进行传播，并可能落到那些未耕作基因作物的农田里，甚至偏远的墨西哥农村现在也面临着美国的转基因玉米的污染。除了污染的威胁，基因工程还提供给那些大型农业企业另一个获得并控制全球食物增长和分配的机会。这些跨国企业为它们的基因工程产品注册专利，还不断地收购其他的种子公司，可以想象这些公司发展基因工程的动机是通过专利来控制世界的种子供给，从而获得源源不断的利润。

与此同时，发展中国家迫于"发展"的需要，向世界银行和国际货币基金组织贷款，而这些组织会向发展中国家施加压力让它们与那些跨国公司合作。这样，这些国家的农民就要按照跨国公司的要求进行大规模、低成本种植，收获之后再出口到这些发达国家，以赚取外汇、偿还贷款。

生物科技的倡导者关注产量的增加，但是并没有关注这种倡导可能造成的后果，特别是某些人道主义者虚夸生物技术将会帮助世界人口吃饱，将生物技术看作拯救人类饥饿的唯一途径。孟山都公司的"农达"（Roundup Ready）转基因大豆能够抵抗这个公司生产的除草剂，而这种除草剂将杀死除了这个公司的大豆之外的所有植物。农民必须签订一个合约，使用这种种子的同时，必须使用这种除草剂，并且允许这个公司在任何时候监视他们的土地。需要说明的是，这种除草剂占这家公司销量的 17%。

最近的一种生物技术在世界产生了争议，名字叫终结者技术，由美国农

---

(1) 数据来源：http://www.ers.usda.gov/Data/BiotechCrops/。

业部、德尔塔（Delta）和潘兰德（Pine Land）公司共同研制，这种技术让每一个种子的 DNA 都含有能杀死自己胚胎的基因，从而迫使种植者来年还要到种子公司购买种子。原则上所有的作物都会被这种终结者基因所修饰，农民将很难买到不含这种基因的种子，如此一来，农民将毫无选择，一些化学或者种子公司将会控制所有植物的种子。可以想象，如果出现战争、国内动乱、自然灾害，这种种子不能获取的话，农民将会发现他们没有种子可种，这对于世界来说都是一种灾难。

粮食是每个人每天都要消费的生活必需品，具有消费刚性而几乎完全不可替代。民以食为天。我们需要对粮食安全有重新的认识。现在很多国家提出"食物主权"的说法，即除了我们常规意义上理解的领土主权外，食物主权也应该放在国家战略的角度去考虑。

一个朋友在我临走时送给我一件上衣，他说，这件衣服是玉米做的。

和爱玛的同居生活

> 海内存知己，天涯若比邻。
>
> ——王勃

一个 19 岁的女孩只身从美国的东海岸开车几天几夜到达中部的明尼苏达州的农场，她曾经到几个国家的农场当过实习生，干起农活来一点都不怕脏和累。她对很多问题也有独到的见解，有着不同于同龄人的成熟。她和我在一套房子里共同居住了四个月。她就是我的好朋友爱玛（Emma）。

我们都喜欢大自然、喜欢小动物、喜欢看电影；

我们对于未来都有着美好的憧憬，积极地面对人生；

我们都希望能致力于农业问题，为人类共同美好的梦想而努力。

还记得来农场的第一周的一个下午，尼克和琼告诉我说爱玛今天要来了，我们一起到住处迎接她。

一辆越野车停在了房子门口，她从车里走了出来。

爱玛有着典型的美国女孩的长相，金黄色卷曲的长发，很漂亮的蓝眼睛，浑身散发着波士顿沿海城市的气息。她一个人开车从波士顿过来，沿途还住了几次旅馆。这样一个看起来比我还成熟的女孩子竟然才 19 岁。我当时心里还在想，这个女孩子为什么要到这里来？她能干农活吗？

之后的事实证明了我的怀疑是错误的，干起农活来我都不好意思跟她比。开始的时候，她一个人就能背两根我们用来压覆膜的粗木头，我一次只能背一根，走起路来还摇摇晃晃的；干活时，她从来没注意过是不是身上蹭

我和爱玛在田间劳动

上了土，很多时候都能看到她沾着泥土的小花脸；她的牛仔裤上补了好几个补丁，都是她自己的手艺。说起补丁，我想起了她临走时有一兜东西没有带走，其实是一兜"破布头"，爱玛来的时候带来的，她甚至还带了小缝纫机。

我们住的这栋房子一层主要是厨房和客厅，还有一间接待客人的大屋子。实习生分别住在二楼的三个小阁楼里。平时我们白天在农场工作，晚上回到住处之后也都是自己准备自己的饭，在自己的房间里休息，单独交流的时间并不多。不过，我经常会问她一些生活上的问题，她每次也都很热心地回答。她说有一次做梦梦到她做了我的翻译，我说的话只有她一个人能听懂，然后她再翻译给别人听。我跟爱玛说："你不仅仅是我的翻译，还是我的司机。"因为我在美国没有驾照，不能开车，每次出门参加活动都是爱玛开车带我去。

爱玛有两个姐姐，我后来才知道她父母离婚已经几年了。后来的实习生艾拉来的时候，她的父母也正处在离婚的阶段。我们三个人在一起劳动的时候，曾经讨论过对于离婚的看法。虽然我以前就知道美国的离婚率高，可是周围的两个年轻人的家庭都是这样，还是让我觉得很惊讶。

我问他们："父母离婚时，你们什么感觉？难不难受？"

他们说："当然难受了，虽然美国的离婚率很高，对我们来说接受父母离婚还是很难受的。"

"你们有没有尝试帮助父母再在一起？"

"如果分开能让他们彼此更快乐，那我们也希望他们能幸福。你们中国人离婚的多吗？"

"中国的离婚率也在逐年增多，不过，现在离婚在中国社会还是影响不好，社会的压力还是很大。可能在美国社会，因为离婚的普遍，两个人遇到问题时就不会尝试去解决问题，而是简单地选择离婚。而在中国，或许有些人会考虑到社会压力，从而努力解决问题，毕竟婚姻意味着责任，对双方家人、孩子和自己的朋友。"

爱玛很喜欢看电影，她在一个网站选择了一个租借电影光盘的业务。可以从网站选择自己想看的电影，对方会把正版的光盘邮寄过来，她看完后将光盘再用寄来时里边包含的已付费的信封寄回去。

我们一起看过几部电影：《甜蜜土地》（Sweet Land）、《傲慢与偏见》（Pride and Prejudice）、《逍遥法外》（Catch Me if You Can）、《窃听风暴》（The Lives of Others）和《曾经》（Once），看电影前，我们会一起做一些甜点，有一次还一起做冰激凌，然后享受这段劳动后的休息时光。

和爱玛刚刚在一起生活的头几个礼拜，我每次去卫生间都发现爱玛小便之后不冲马桶，开始我不明白为什么，以为可能是她忘了，还坚持每次用完卫生间后用完卫生间后冲掉。后来我发现，并不是爱玛忘记冲水，而是她刻意不冲。虽然我并没有问过她这个问题，但是我逐渐明白了，并在一次和琼的对话中确认了我的想法。她说："美国人家中水管中的水质是达到直接饮用水标准的，世界上还有那么多地方的人喝不上干净的水，而我们却用这样的水冲马桶。"随着我在农场生活的时间越来越长，我也开始这样去做了，并且和爱玛心照不宣。

有一次大家一起劳动的时候，爱玛说，如果我有一个 CSA 农场，我希望我的份额成员能够收集他们家庭的堆肥（compost），并定期由农场收集或者运送到农场。

由这个话题我们展开了一个非常有意思的讨论。

他们说，美国大部分家庭都有将垃圾分类的做法，但是很少有家庭会做堆肥。说起堆肥这个概念，其实就是将生活中的能够分解并复归土壤的菜叶、果皮等食物残渣集中起来沤肥，这些东西对于土壤来说是很好的肥料。

目前，地力的下降一部分原因在于大部分地区都是在农村种植粮食或者蔬菜，然后将产品运往城市，但是当城市将这些产品消化之后，却没有再向农村循环，由此造成农村地区土壤质量的不断下降。也因为这个循环的中断，对整个环境的保护也不利。再加上施用化肥、农药、除草剂，更进一步加剧了地力的下降。如果我们可以将城市中一部分生活垃圾返回到农村，将这个链条接继上，无疑是一个好主意。

在目前的中国，垃圾分类也只是一个刚刚兴起的概念，我偶尔可以从大街上的垃圾桶发现，垃圾桶的两侧分别标明可回收和不可回收，但是人们往往不知道什么是可回收的。我想到，那些走街串巷被人们称为"收破烂儿的"是否可以算作中国最初的垃圾分类呢？《四千年农夫》这本书中就提到百年前的中国城市和乡村并不是割裂的，在上海，每天清晨的码头都停泊着很多等待将城市中的粪便运送到乡村中去的船只。那该是一个什么样的景象？加拿大的一个有机农业专家曾说过，在西方国家有机农业是不允许使用人粪尿的，这也是由于中西方饮食结构不同，西方国家多吃生食，而中国人多吃熟食。

后来我说到，很多动物吃自己的粪便，但是它们都还活得好好的，这也算是一种循环。比如动物和人类的粪便，如果可以回归到土壤，则是非常丰富的土壤养分。爱玛说，我们以后回到住的地方，再想去卫生间时就到房子外面的林子里，让它们充分复归。那样我们完全可以不用浪费水源，让大自然自然地消化，还为土壤增加了养分。不过，最好别在林子里大便，因为蚊子太多。

还有一个有趣的故事。有一次，爱玛的爷爷奶奶因为要去明州北部的德鲁斯（Duluth）参加一个活动，就顺便来看看爱玛。父母离婚后，爱玛已经有5年时间没有见过爷爷奶奶了。她为这次聚会做了很多准备，提前把我们的那间客房打扫了一遍、重新换了床上用品，下班后还沿路边采了很多野花，插在花瓶中，放在床头。晚上她准备了丰盛的晚饭，并邀请我参加。

饭间，爱玛的奶奶讲了一个故事。她年轻时有过一段在国外生活的经历，当地人对她很热情。有一次她受邀参加一个家庭聚餐，每周这个家庭都会有一个正式的聚餐。第二周，快到中午时，有人敲门，她打开门一看，就是那天邀请她吃饭的朋友。这个朋友劈头盖脸就问："你干吗呢，怎么还不去？"她说："去哪儿？"朋友有点生气地说："今天是家庭聚会啊！你怎么忘记了？"这个朋友已经将她当作了家人。这个故事让我觉得和我在美国的生活相似，都是那样的美好。

周末的时候，偶尔会发现爱玛不在屋子里，从楼梯的窗户向外望去，看到爱玛穿着比基尼泳衣正躺在房子后面的一张躺椅上边晒太阳边看书，我知道爱玛在想波士顿的海，她又想家了。

7月中旬，艾拉由于家庭的原因很突然地提前离开了农场，本来她计划10月中旬才结束工作的。所以，整个8月份我和尼克、琼、爱玛四个人一起工作，我们感觉时间的脚步走得越来越快了。

爱玛临走前一天晚上，我们参加了一个聚会，又是她开车带我回来，一路上，我们聊了很多，我记得那天晚上的星空格外美丽，似乎离我们很近，很近……

她跟我说，这四个月在农场的生活，干活累的程度是她来之前没有想到的，但是，最难的可能还是长期和家人的分别。

我问她："这几个月对你的人生有什么改变？"

她说:"很多,我知道了以后什么是我要做的,什么是我不想做的。"

"跟一个中国的女孩子生活了这么长时间有什么感觉?"我接着问。

"你太棒了,而且通过你我了解了更多的中国文化。"她笑着回答我。

爱玛走的那天早晨,给我留了一张自己制作的卡片,卡片上写着:

亲爱的石嫣:

   你是一个细致的人,在这过去的四个月中,我们成为非常好的朋友。我不知道我们的道路在未来是否还会交叉,但是感觉告诉我某一天我们会再次走到一起。希望你寻找到你希望的平和的生活,也希望我们一起努力工作,为了共同的那个目标。紧紧地将你拥入我的内心。

你永远的朋友爱玛

"上吊"的火鸡

在某个地方，有一些我们能与其随心热情交谈的人，有一个手拉手围成的圈迎接我们的到来，我们的加入能使得他们眼前一亮，无论何时周围都会有欢呼声替你鼓劲。社区意味着力量，它把我们的力量凝聚在一起去完成那些需要完成的工作。在我们蹒跚时，它可以时刻成为我们背后坚实的臂膀。一个新的循环。一圈可以信任的朋友。一个我们深感自由的地方。

——斯塔霍克

　　我离开农场的那一天，凯和安妮特带我匆匆地去安（Ann）家吃了一顿早午餐（brunch，介于早饭和午饭之间的一顿饭）。安的住所离农场很近，每次农场的活动她都会参加。她长着一头花白的头发，精神矍铄，以前曾经在日本生活过一段时间，穿衣服很有东方特点。

　　这次，安很精心地准备了一顿具有斯堪的纳维亚风味的面包和蛋糕。我和她们三个回顾了过去半年的生活，也谈到了自己未来的理想。我一直都很喜欢和老年人谈话，因为几十年的风霜雨雪就是她们拥有的最大财富。

　　回到农场，也就意味着我离开农场的时间越来越近了。这个时候看到凯和安妮特还像往常一样一回到农场就开始忙碌。我绕着农场慢慢地走了一圈，将农场的一切深深地记在了心里。走到火鸡棚边上时，安妮特走过来说要让我跟火鸡合张影，突然发现另一只火鸡脖子缠在了线栅栏上，已经断气了。

　　接近下午 2 点的时候，尼克和琼让我去一下地里，我还不明白他们要做什么。一会儿，凯和安妮特也来了，他们让我选择一块地，我选择了一块以前种胡萝卜的地。他们带着我走到那块地的中央，轻轻地将手中的蜡烛放在土地上，我们一起跪下。尼克点燃了手中的一小捆香草还有蜡烛，他们一起为我祈祷，希望我旅途顺利，回国之后能够幸福地生活。凯说了很多很多，我记不清她说的具体内容了，只记得我当时一直在哭。我抱着他们，不想松手。

　　尼克和琼随后就要带我去圣克劳德（St. Cloud）了。我上车前，凯和安妮特再一次跟我告别，她们一直抱着我哭，我到农场这半年有时候会看到凯因为某些事情或难受或感动，但却从未见到安妮特哭过，她在我心中一直是那么坚强。安妮特塞给我一个信封，信封上写着："火鸡的羽毛。你走的这

安送给我的写有"麦迪逊"的 T 恤　　　　　　　　　　我和火鸡的合影

"上吊"的火鸡

一天，这只火鸡的心脏随着你的离开停止了跳动。"琼后来跟我说，凯和安妮特从来都没有哭得那么伤心，就好像以后再永远都见不到一样。

那天下午风很大，所有跟我度过了半年生活的蔬菜们被风吹得不停摇摆，我跟尼克说，蔬菜们也在向我挥手道别。

那天之后，我回到了城市的生活，明尼阿波利斯、芝加哥、纽约，再到北京。现在每次想起农场的那段生活，都觉得像做梦一般，觉得美好得有点不真实，一场美梦醒来时，所有的记忆还那么清晰。凯、安妮特、尼克和琼是地球母亲给予人类最好的礼物，他们对待生活、环境、动物、植物的态度，正是人类与大自然和谐共处的基础。

我终于找到了这么一群人，他们很平凡，有着共同的对待生活的态度。他们改变了我，我也影响了他们。

离别时的合影

　　这个故事的结局是多么的完美。

　　不知道什么时候能与他们再相见,但那肯定是一个非常特别的一天。我
永远祝福他们。

你会成为素食主义者吗?

愚昧的人会让东西变得更大、更复杂、更粗暴。一个人需要很大的勇气才能走向与此相反的方向。

——爱因斯坦

琼曾经跟我说:"并不是我不喜欢喝咖啡,只是咖啡是一种奢侈品,并不是必需品,就像香蕉一样,如果不是公平贸易的咖啡,我宁可选择不喝。因为我喝了,就等于支持那些大的咖啡公司给予种植咖啡豆的农民不公平价格的做法。而这些咖啡豆却是维持那些农民生存的基础。"

是啊,那些种植咖啡豆的土地种植出来的是钱,却不是食物。当你喝下一杯咖啡的时候,有没有想过种植这些咖啡的国家都是什么样的国家?为什么这些国家的人还不能吃饱的时候却要为我们提供一杯咖啡?

三百多年前,那些殖民者将手伸向这些土壤肥沃的国家,他们为这些殖民地设计的发展方式是,为这些殖民者生产财富而不是为他们本国的人民生产粮食。因此,当时这些殖民地国家大都被迫选择种植烟草、橡胶、咖啡、可可、茶、棉花等经济作物。之后,这些经济作物成为世界贸易的主要产品。虽然这些殖民地国家后来相继获得独立,但是却难逃路径依赖和对于原宗主国的依附。咖啡就是作为很多发展中国家的经济命脉而存在的。那些肥沃的种植经济作物的土壤本来可以为本地的人口提供更多的食物。

更具有讽刺性的是,这些国家要出口经济作物以换取外汇,并用所换得的几乎全部外汇购买进口的食品。一个哈佛大学的研究表明,世界上 1/10 的种植面积是种植了那些不能解决饥饿问题的经济作物,而所有的这些种植经济作物的面积几乎等于欧洲所有可耕地面积 **(1)**。这些发展中国家因为路径依赖，转化现有的产业结构需要极大的交易成本，比如现在种植咖啡的土壤适合种植哪种粮食作物？这些作物又需要更换哪些新的设备？如何转变以前外向型的以出口为主的经济结构？又如何换取外汇？如果一个国家从出口原材料到出口加工制成品，虽然价格提高了，利润部分可以更多地留在国内了，但却要面对更高的出口关税和其他的非关税壁垒。

我们吃的喝的东西难道真的只关乎我们自己的温饱吗？记得小时候，长辈常常会教育我，不要浪费一粒米，那是对于"粒粒皆辛苦"的理解，也是他们对于自己所生长的年代吃不饱而产生的对现有生活的珍惜。而我们这一代人，随着物质生活条件的极大改善，是否吃饱已经不是我们关注的问题，我们甚至开始吃飞禽走兽、山珍海味。然而，难道吃什么、吃多少只是影响自己的肚子吗？有人会说，或许还会影响自己家养的宠物——有一些剩饭剩菜可以给它们吃。

其实，吃饭的习惯不仅影响自己和宠物，还影响着地球上仍然在忍受饥饿的人们。而一个好的饮食习惯，不仅可以填饱肚子，还能给自己的内心带来愉悦和满足。

一提到吃素，很多人可能会联想到僧侣，他们是因为宗教的信仰而吃素，而现在越来越多的素食主义者，他们是为了保护动物、支持健康养殖从而保护环境。

你知道爱因斯坦是素食主义者吗？还有富兰克林……

爱因斯坦说："再没有比素食主义者的饮食革命更使人类健康，使地球上更多的物种存活的饮食方式了。"

在传统的农耕文明中，人类曾经与其他动物和谐相处，一个农场可能有猪、牛、羊、鸡等各种动物，因为农民知道这样有利于维持农场的生态多样

---

(1) *Diet for a small planet*, Frances Moore Lappe, Ballantine Books, p.27, 1975.

收获的有机南瓜

性。过几个月，农民可能把这些动物移到另一片草地上去，鸟儿啄食草里的虫子和其他昆虫，同时将它们富含高硝酸盐的粪肥储存在草地里。

传统农耕确实就是自然的一部分。但是从 20 世纪 70 年代开始，所有的农耕文明都改变了，动物仅仅作为人类肉食的来源而存在，而为了更快更多地获得这个来源，动物养殖逐渐工厂化、规模化了。

家禽：

大多数家禽都在养殖场里养殖，鸡拥挤在一个鸡笼子里，它们甚至不能伸展翅膀，当那些下蛋的母鸡的产量开始下降时，它们就会被禁食和水几天时间，然后颠倒昼夜，这个过程使它们蜕皮并且所有的羽毛都脱落，然后再一次开始下蛋，但是仅有几周时间。当这个过程结束之后，这些鸡就会被用来宰杀，一些小鸡甚至在活着的时候就被磨碎作为动物饲料。

猪：

猪在养殖场的生活可能是最悲惨的了。猪是非常聪明的动物，至少像狗一样聪明。但是它们常常生活在一个小栅栏中，甚至不能转身，有些时候一些猪的尾巴会被咬掉。为了让它们尽快地增重，养殖场会让它们吃大量的激素。当它们被带到屠宰场时，由于它们的腿长期缺乏锻炼，甚至会因为无法支撑全身的重量而折断。

牛：

肉牛现在的命运也很悲惨，常常生活在一个满是泥的地方。等到屠宰的时候，它们被强迫赶上卡车；在卡车上，它们常常度过几天几夜的时间。尽管很多国家有法律规定在特定的时间内要喂食物和水，但是却经常被忽视。如果牛倒下不能行走了，也会被无情地拖出来，然后屠宰就开始了。

奶牛的命运也如此。为了增加牛奶的产量，对母牛进行大量的激素喂养。小牛出生后几天就离开了妈妈，甚至从来没有感觉到草是什么样子，它们一生只是被拴在一个栅栏中。就像人类一样，牛有九个月的怀孕期，可是养殖场的牛通常每年都要下小牛，所以这种每年的生产对于母牛来说很艰难。

当我们看到这些动物在养殖场的待遇后，就不难想象在这样一个空间里会有多少疾病产生了，也就不难理解疯牛病和禽流感的产生了。

一块可供养 30 名素食者的土地，仅能维持 1 名肉食者。为了保证作为肉类消耗大国美国的牛肉供应，每年要砍伐大面积的南美热带雨林改作牧场。有人惊呼："一只汉堡包，毁掉一片森林。"每制作一只汉堡就需要毁掉 6 平方米的森林，而这片土地上却生长着 18 米高的大树和 50 多种珍稀植物，还要用掉 5.5 公斤的谷物和 2500 加仑的水。如果把做汉堡包所需的资源来生产小麦，可以做 24 盘意大利面，或者生产出 23 公斤水果和蔬菜。

　　这四个月在美国农场的生活，影响我最深的就是我们农场的人对于饮食的理念。

　　我们吃的所有蔬菜基本上都是我们农场自己种植的，并且是应季的；我们吃的面粉、大米、豆类、麦片等全部都是有机的而且是本地化的；我们吃的面包，所有的配料都来自本地购买的有机小麦、面粉、蜂蜜、亚麻等；我们吃的鸡蛋，来自我们农场散养的母鸡（每天它们都悠闲地散步在整个农场，有时候还会跑到我们的地里吃西红柿）；我们喝的牛奶来自我曾经访问过的吉拉德的奶牛场，是天然的未消毒牛奶；我们吃的猪肉、牛肉来自以草食为主、快乐饲养的农场（这几个农场我都参观过，猪和牛们是那么快乐地生活在那一片草场上，而对人类又是那么地没有警惕性）；我们吃的鸡肉，是我们农场养的鸡，然后找屠宰场屠宰的；我们喝的咖啡是公平贸易的咖啡。

　　所有的这些，全部都体现了这样一群人的生活理念。他们认为自然界的多样性与和谐是人类生存和发展的基础，动物更是我们人类不可或缺的伙伴；他们购买本地产品，支持本地商业，减少能源消耗；他们购买有机食品，支持家庭农场。

　　可是，并非每个人都能认识到这一点，很多人从来没有考虑过动物的感受，只是把它们当作食品来对待。虽然那些在密集养殖场养殖的动物不能说话，但是它们一定很痛苦。

　　在城市中，找到所有的这些有机食品仍然不是一件易事，我们不知道那些食物都是从何而来，是否健康，那些动、植物到餐桌之前是否被善待。于是，成为素食主义者，是保护自己，更是对这个地球负责。

　　从我离开农场的那天，我开始渐渐地减少吃肉的量，现在基本已经转变为奶蛋素食主义者了，不是为了赶时髦，而是为了坚持我对食品系统的信念，也为了纪念我在地升农场的半年生活，我不希望自己因环境的改变而改变。

专栏 | 素食主义者分类

完全素食者（Vegan）：摒弃动物肉（肉、家禽、鱼和海鲜），动物制品（蛋和奶制品），还通常不吃蜂蜜和不穿动物制品（真皮、丝绸、羊毛、羊毛脂、明胶……）。大多数完全素食者协会不允许食用蜂蜜，但也有一些完全素食者食用，有些完全素食者也拒绝食用发酵食品。

奶蛋素（Ovo-Lacto Vegetarian）：除了吃蛋和奶制品之外，其他与完全素食者一样。这是最"流行"的素食方式。

奶素（Lacto Vegetarian）：除了吃奶制品之外，其他与完全素食者一样。

严格素食者（Strict Vegetarian）：开始是指完全素食者(Vegan)，现在也可以指素食者（Vegetarian）。

纯素食者（Pure Vegetarian）：与严格素食者一样。

我的食品本地化系统之梦

> 从某种意义上说，我们生活的每个小细节都在为我们理想的生活投票。
>
> ——弗朗西斯·摩尔·拉佩

"食在当地，食在当季"，这是目前在美国兴起的一场食品本地化运动。当越来越多的人了解我以及社区支持农业的时候，我希望更多的人了解到的不是石嫣这样一个中国人民大学的女博士去美国当了半年农民的故事，也不是 CSA 这种农业销售模式能否具有投资潜力，而是以此了解这样一场运动，让我们能更清楚地看到食品系统背后的真实。

这样一场运动，反对的是庞大的食品帝国对全球食品系统的控制。

这样一场运动，坚持的是一种可持续的生活方式，而 CSA 是这种生活方式中的一个选择。

这样一场运动，渴望的是从社会中"脱嵌"[1]的市场，能够再回到人类原有的轨道。

我的这场梦就由此而来……

---

(1) 理论上的嵌入性概念，最早是由经济史学家卡尔·波兰尼（Karl Polanyi）于 1957 年提出的。他指出："人类经济嵌入并缠结于经济与非经济的制度之中。"波兰尼认为，在人类历史上，市场一直存在，但市场经济却少见，如果有也是不完整的。直到 19 世纪以前，人类经济一直都是"嵌入"(embedded) 在社会之中的。那时的经济应该被称为"伦理经济"(moral economy)，因为经济活动是从属于政治、宗教、社会关系的。但 19 世纪的古典经济学家试图创造一个脱嵌的、完全自发调节的市场经济，并让社会的运转从属于市场。如果这个目标得以实现，其结果将是社会的毁灭。事实证明，经济完全脱嵌只是一个乌托邦，从 19 世纪以来人类社会目睹的是一个双向互动：市场力量的扩张或早或晚都会引发旨在保护人、自然和生产组织的反向运动。

让农业恢复它本来应有的生产、教育、娱乐、康复功能，将有机种植与商店、学校、餐厅、医院相结合。

社区支持农业是食品本地化系统的一种方式。为什么要强调食品本地化呢？这与我们这么多年所听到的全球化、所渴望的经由自由贸易而获得世界各地的产品的想法有什么不同呢？

首先，我们发现资本的集中提供给人类不断增长的食品产量，甚至是过剩的。可是同时我们却发现饥饿在不断地蔓延。看着美国土地上大量种植的非食用玉米和大豆……食品产量增长的目标不是为了人类的生存，不是为了减少饥饿，而是利润的增长！

其次，这样一种全球化的食品系统背后，是粮食出口大国对于进口国进行控制的一种方式。美国本国政府对于农产品的高补贴，就其本国政策来讲并无问题，但对于其他国家的农业是巨大的冲击。小农的成本因无法与高补贴的农业相抗衡而使得小农被排挤出市场无法生存。各种全球化银行对于发展中国家的贷款也部分地促进了这一趋势，为了偿还巨额的负债，发展中国家不得不种植高收入的经济作物，不得不依附于这些机构提供的各种形式的"帮助"，但却使得本国农业的多样性、赖以为生的兼作方式无法生存。

再次，全球化的食品系统依赖于消耗大量的化石能源。化肥农药是一方面，同时运输过程中还会消耗大量的燃料。

食品本地化，不单单是指农产品的生产。这一整套链条包括利用农业的教育功能，将最健康的蔬菜送到学生的餐桌上，将学生带到农田，对垃圾进行分类、回收。现在城市里的孩子连自己吃的东西是怎么生长的都不知道了，甚至听说香港严格控制家禽饲养，有的孩子认为鸡生来就是没有羽毛的。他们又怎么能够关心种养这些东西的人呢？

利用农业的康复功能。凡是心理不健康的，都让他们回归土地，让土地为他们疗伤。

开办有机餐厅。餐厅中的所有材料都尽量采用本地化的、有机的。肉、蔬菜都由 **CSA** 农场提供，或者由其他有机种植、养殖的农民提供。

开办消费者合作社，为大家提供一个本地化可供信赖的有机消费的场所。

……

所有的这一切，都可以说是一套另类的食品体系，是对现在食品体系的颠覆，也是人类拯救自我的最好的方式。

即使到一个你非常了解的国家旅行，也很难走相同的路两次。生命是不断变化的，变化本身也在变化，并且变化出一条新的道路。任何一棵大树、一块石头或者一只鸟儿都可能成为新的方向的起始点。大自然纠错就是让偶然成为必然。出行的艺术就是在天黑之前归来。

——温德尔·毕瑞

坐火车游纽约

去美国之前，很多朋友都跟我说，去美国一次不容易，有机会要多旅游。

在农场生活了半年，大部分时间都是在农场周边的范围之内，最远的地方也是尼克和琼带着我去的。一次是去了威斯康星州的琼的父母家，还有一次是去明尼苏达州北部的德鲁斯。

其实，我完全可以请一个礼拜的假去旅行，可我做了心理斗争之后还是决定在项目彻底结束后再旅行。一方面，我一向觉得旅游时如果时间太短，只是看风景，而不了解与之相关的社会、文化、历史背景，旅游的意义并不大，走马观花似的"看"，回家之后可能记忆也就只是那些纪念品了；还有一个原因，在农场时间这么久了，我对农场有了更多的责任感，我觉得自己已经是地升农场中的一员，而不是从中国来的一个普通学生，如果农场走了一个人就意味着他们几个的工作量要加大很多，而且我也会遗失那一周对农场情况的记忆。

所以，我决定等在农场实习的项目彻底结束后再去别的地方看看，于是，旅游的计划就一直拖到了9月底。

项目结束后我只有一周的时间。征求了几个朋友的意见后，为了尽可能地节省开支，也为了能看到与美国乡村文化完全不同的另一面，我决定去好朋友所在的纽约。

我选择乘坐火车去纽约。以前早就听说美国的火车又慢又贵，可能是飞机价格的几倍，很多人可能在美国生活了很多年都没有坐过火车。在纽约的好朋友听说我要坐火车去，觉得很不理解。

最初，是尼克建议我坐火车的，他说："石嫣，你来美国也没怎么玩，坐火车虽然时间长点，可是你沿途能看到更多的美国的风光。"他还开玩笑地说："纽约的消费很贵，幸好你有朋友在那儿。要不你在农场挣的工资还不够在纽约住酒店的钱。当年我去玩的时候，觉得那里吃的特别贵，又找不到健康的食品，所以我每次出门都带着面包和从合作社买的花生酱，一吃就吃一周。""哈哈，那我也要准备你那种'特制的'面包和花生酱。"我说。

在农场的最后一段时间，虽然工作的时候只有我和尼克、琼，但我们之间的默契更多了，有时候会觉得很安静，但已经没有以前那种孤独的感觉。我们会彼此开玩笑，我经常大声地喊尼克"mean boss"（刻薄的老板）。尼克也借机说："石嫣，你去纽约之前得学着对人 mean（刻薄）一点，那里的人可不会跟你打招呼问好的。"

9 月 28 日，带着对农场深深的眷恋的我，仍旧每次想起尼克、琼、凯、安妮特，都忍不住落泪。就这样，我一个人背着背包从明尼阿波利斯踏上去往纽约的火车。一个新的开始，一个全新的美国。

9 月底、10 月初，是美国最好的季节，火车的速度很慢，经过很多山脉、树林、河流。沿途，树叶的颜色不断变化，绿色和红色的树叶相互映衬，地形变换，山水交错，大部分地方都鲜有人活动的痕迹。我不禁感叹这个国家自然资源多么丰富，人均占有量又是多么大。尼克曾跟我说过，他在阿根廷当老师的那一年时间，也去了南美洲的很多国家，回国之后有很长一段时间适应不了，常常会感叹为什么美国人拥有这么丰富的资源却不珍惜，还有那么多人在挥霍和浪费。

从明尼阿波利斯到纽约预计是 32 个小时的车程，就像尼克跟我说的，美国火车从来没准点到达过，我到纽约时比预计时间还晚了两个小时。

我还利用火车在芝加哥停车的 3 个小时，在农场朋友的朋友的带领下，快速游览了芝加哥城区。

在火车上的时间是漫长的，从芝加哥再上车后，就要在火车上度过一个夜晚。美国的火车车内布置和飞机相似，只不过座位与座位之间的距离比较大，座位也比较舒服。而晚上因为室外温度的降低，火车里显得特别冷，我没带太多的衣服，身体已经蜷缩在一起了。白天，我和邻座的一个中年人聊得很好，我看他有个大夹克没有穿，就朝他借了这件衣服，当被子盖了一晚。他是荷兰人，一个银行家，独自在美国旅行一个月，全都坐火车，只带了一个小拎包，路上大部分时间是在火车上度过的，衣服脏了就再买一件。

火车上的东西又贵又不好，我没有在火车上买东西吃，只吃了从农场带的五个大苹果和一些面包。虽然三十多个小时没有吃好睡好，有些疲惫，但对一个新地方强烈的好奇心还是让我神采奕奕，而且半年的农耕经历也确实大大提高了我的身体素质。

火车终于到了纽约，一出火车站，瞬间扑面而来的是五颜六色的灯光和陌生的人群，这就是被称为"大苹果"的纽约市。

每天早晨 7 点多我就从朋友家出发，背着书包，里面装着地图、水和小吃，坐地铁到曼哈顿，走走停停看着纽约的种种。很多电影里才能看到的建筑，如今都真实地呈现在我眼前。先是看大都会博物馆、自然历史博物馆，一个博物馆能待上一整天，然后，帝国大厦、华尔街、洛克菲勒中心，接着，第五大道、时代广场、中央公园。因为好朋友在联合国工作，我又幸运地参观了联合国的工作区。

我感受到了纽约的兼容并包和多样性，不同文化背景、不同肤色的人可

芝加哥市中心

哈洛曾经跟我提到过的芝加哥农产品期货交易所

以聚集在这样一个城市，也感受到了在这个被朋友称为"真正体现资本主义美国的城市（不同于乡村文明的美国）"的社会分层——贫与富，华尔街的大金融资本家与法拉盛地区的那些无家可归的人形成了强烈的对比。

在城市里待久了很压抑，于是又临时决定去纽约州北部的尼亚加拉大瀑布（Niagara Falls），在网上买了火车票，这次的车程是 10 个小时。

去之前我在网上预订了一个小旅馆，据说离大瀑布很近，但我却不知道这个旅馆距离火车站多远、下了火车我该怎么走，可不知为什么我却没有一点恐惧，只是有一种不确定感。

10 个小时后，车终于停在了尼亚加拉大瀑布这一站，一个小车站。周围看不到任何建筑。

照经验，我先找到最近的商店，问问情况再说。结果从车站走出去，大概有 10 分钟内看不到任何商店，路上也几乎没有人，只有来往的车。车里的人还都在看我。

纽约市的中央公园

时代广场

华尔街

终于看到一个商店，走了进去，一个中年的女店主和一个黑人妇女在聊天，还有几个黑人在购物。这个商店销售一些小食品，但大部分食品都是那种很便宜的"垃圾食品"。能从中看出这个商店和这个地区的社会和经济环境。他们斜着眼睛看着我，有点警觉。

"您好！请问某某旅馆离这里还远吗？我走着得多远？"我顺手把我的旅馆的名字和地址给她看。

"这可远了。你要走可得走好久。"

"那有公交车吗？"

"门口倒是有，可能一个小时一辆。你从哪儿来的？干吗来了？"

"我从明尼苏达州来的，在一个农场当了半年的实习生，我现在是到大瀑布来旅游的。"

"你自己？"

"是啊。"

"你这么小年纪怎么就敢自己出来？你晚上可千万别出来！"

"我不小了，都26岁了。"

"你看着很小，又这么漂亮，怎么就敢自己出来玩？"

"现在年轻人都喜欢自己旅行。"旁边那位黑人妇女插了一句话。

"谢谢关心！那你看我现在怎么到这个旅馆去？"

"打车吧，也就10美元。"

当时，我一听需要10美元，觉得很贵，可是一想，还是"安全第一"吧，于是就请这个妇女帮忙叫一辆出租车。

说完，她拿起电话就拨了出租车公司的电话。在等待的过程中，我又继续和这两个人聊天，以打消她们的戒备心，也更多地了解这个地区的情况。我给她们讲我在农场的生活，我说我觉得小镇的人应该都是很好的（后来才知道这个地区人口有几万人，并不是像麦迪逊那样的小镇），我一路怎么从明尼苏达来到的纽约，等等。那个黑人妇女也问了我好多问题。然后她突然说："走吧，我送你去，你给我 5 美元就行了（这段路程打车确实需要至少 10 美元）。"

其实，坐上她的车我心里也有点忐忑，毕竟是一个陌生人。这让我想起来在农场时的一次经历。一天早晨，天空下着小雨，我怕迟到，只好冒雨往农场走。虽然我穿着雨衣，但因为风大，没走多远就感觉雨水已经把我的脸和头发都打湿了。正在我不知道该怎么办的时候，从我身后的方向开过来一辆卡车，停在我身边，开车的人是一个中年男子，他推开右侧车门，冲着我喊："嗨！快上车吧！我捎你一程。"我上了车，顿时身体和心里都觉得暖暖的。"先生，我去地升农场。谢谢你！""替我向那两个女孩问好（指的是凯和安妮特姐妹）。"他把我一直送到了农场里面。

回想起那件事之后，心中的戒备心也少了很多。我问她家人的情况，在这儿生活了多少年，是不是支持奥巴马等等。她也开始对我热情起来，她说她在尼亚加拉城生活了几十年了，还说了她和她母亲及家庭的事情。临下车前，她跟我说，回去告诉你的朋友和家人，你又认识了个黑人朋友，多保重自己。

跟她拥抱告别后，我到了旅馆，这个旅馆比我想象的要好很多，周围的环境也不错。

虽然坐了 10 小时的火车，但还是很精神，我在旅馆稍微休息了一下，就准备去看瀑布。

之前在网上看这个旅馆的介绍，说距离瀑布只有 1 英里。老板说门口有一趟免费的公交车，每隔一个小时一班。于是，我赶上 6 点的一班车，公交车至少开了 20 分钟后，司机告诉我，可以下车了，下车后穿过一条胡同，一直走过去就到了。

我按照司机的指点，一路走过去，穿过一个公园，还没看到水已听到声音，再向河边走，映入眼帘的浩浩荡荡的水顿时震撼了我。尼亚加拉在印第安语中的意思是"雷神之水"，水流像是彼此追赶着前进，发出雷鸣般的声音。站在这水面前，感受到的是大自然的力量。

在大瀑布附近住的旅馆

尼亚加拉瀑布其实不是一个瀑布，而是由三个瀑布组成，分别是马蹄瀑布（Horseshoe Falls）、美国瀑布（American Falls）和新娘面纱瀑布（Bridal Veil Falls）。

马蹄瀑布水量非常大，溅起的浪花在风的吹拂下，在很大的范围内如雨般落下，还形成一道彩虹，站在瀑布跟前，能感受到"东边日出西边雨"，突然你的头顶上就下起了雨。

新娘面纱瀑布，与另外两个强悍的瀑布相比，它更像是一个娇弱的女子，飘起的水雾像是一层面纱，欲说还休，别具风韵。能在这个瀑布面前和自己心爱的人在一起，想必是爱情最好的见证吧。这个时候不必多说话，只要静静地看着眼前的一切。

很快天就黑了，大概 8 点的时候我准备往回走，不知怎么走到了一个小

大瀑布

门前，我看到很多人从这个门走进去，门上写着 Entry to Canada（进入加拿大）。我以为这个门进去后还要经过检查才能到加拿大，应该还有几道关卡，于是，跟随着几个人径直走了进去，走到了连接美加的大桥上。当走到加拿大入境安检的地方，因为我没有签证，就往回走了。可我回来的时候，再推这个门，却不能出去了。门边上有个屋子，我推门走了进去，几个美国警察坐在那儿。一个警察对我说："把你的护照拿出来！"我把护照递给了他。他说："你去加拿大的签证呢？"我说："我没去加拿大啊！"

"你没去加拿大，你怎么到这里来了？你出了那个大门就是加拿大！"

"我真没注意，我没看到说明。"我冷静地解释道。

"你没看到说明，那么明显的说明你没看到？"他音量已经非常高了，边上的一个警察还添油加醋地说："你怎么不站到你们中国的边境上说你没看到说明？"

"真对不起，我真的没看到，我看到有人走进去，我就跟着进去了。"我故意说得带点可怜的语气。

"你过来！"那个警察走出自己的柜台，把我带到了门口的那个指示牌前，问我，"这是什么？"

"这个我看到了，但是当时我以为过去之后还有一段距离才到，这只不过是个引导。"

"你回来吧！"他又把我带进了屋子。

"你没有加拿大的签证，竟然去了加拿大，你想打破我们的规则吗？"他自己越说越生气，"按规定我们应该把你遣送回加拿大！"

我心里稍稍有点慌，但还是告诉自己此时要镇定。我连忙说对不起，还说我刚来美国不久英语不好，自己一个人来这边旅游也没有人照顾，过几天就要回国了……

他可能也拿我没办法了，把护照甩给了我："为你破一次例，下不为例！"

我拿起护照，说了声谢谢，就赶紧跑出了门。

出了门，又想哭，又想笑。

想想自己这半年，一个人在一个陌生的环境里，甚至那个环境对于很多在美国的中国人来说都是陌生的，我又自己去旅游，甚至在边境出事。就像那个商店老板说的，"你一个女孩子怎么就这么胆大跑到这里来了？"到底是什么给了我勇气？

第二天一早，我退了房，又来到大瀑布，身边的游客走了一拨又一拨，我还在那儿站着，想把这一切永远地留在心里。

下午坐火车回纽约市，又路过那个小商店。我走了进去，跟女老板道别，我说："谢谢你。以后再来大瀑布一定还来拜访你。"

"甜心，祝你好运！"她说。

后记[1]

曾经，我是个五谷不分的都市女孩。

本科四年我的专业是农林经济管理，很多人问我当初为什么要选择与农业相关的专业，我很难有一个答案，只记得当时觉得学习这个专业或许将来能做点有意义的事情。四年的学习，我发现这个专业的教育已经越来越多地将农业这个因素剔除出去了，课本上的东西依然是照搬和我国国情完全不同的西方的教科书，而我依然没有找到我今后将要为之奋斗的事业是什么。

记得大学临近毕业时，学校组织了就业指导的课程，发下一张表格，让我们填写未来职业的规划：是当公务员，还是去国企、外企、民营企业，或者是去事业单位？

印象中，我总是选择最后一栏的"其他"。

表格上的那些选项，我好像一样都不喜欢。可就算不喜欢，好像又没有什么别的选择。

恰巧当时有保送到中国人民大学读硕士研究生的机会，于是，我选择了继续读研究生。两年来跟随温铁军先生学习，同时也努力承担了一些课题调研和写作的任务，几次到农村去调研，不断地去看、去思考，困惑也更多了。硕士读了两年，虽然其间也到各种不同的单位实习过，但似乎仍找不到

---

(1) 本篇写于 2012 年。——编注

那种想为之奋斗一生的事业。毕业时，面对同样的职业规划表格，我的脑子里还是一片空白。

我只好选择继续读博士。

再后来，我去了美国，本该搞点洋玩意儿，却在被我母亲称作"荒郊野岭"的非典型资本主义乡村种了半年地。

就是这段另类"洋插队"的经历，彻底改变了我的人生。

当我从拥挤而躁动的城市中返回到人类赖以为生的农村，当我从一个清高的书生走出大学校园走到农田，每天手上沾满泥土、皮肤变得黝黑、身体变得更加结实，当我放下手中的笔拿起农场的锄头，我一天一天地在改变，开始更深刻地认识到我们这一代年轻人所肩负的社会责任、什么是我们要研究的农业的真正问题。在今天的环境下，能够坚持信仰，不让浮云遮眼，一步一步坚实地走下去是多么重要。

在回国之前的一个月，当我在地里除草的时候，脑海中的那张表格上，"职业"那一栏已经变得愈来愈清晰：我要做一个农民，或者是帮助农民的人。健康农业是一个值得越来越多的人选择的"职业"，而农民则是让这种健康事业维持下去的执行者。我们这个社会，实在亏欠这些善良的农民太多了！

2008年我回国后，和几位有志于乡村建设的年轻人一起创立了小毛驴市民农园，以此为契机认识了很多农人，也看到了一个真实得让人心痛的农村。对于大部分农民来说，老实地种田种菜已经满足不了基本的生存需求，于是他们拖儿带女，大量地涌入城市。于是，城市拥挤不堪，农村日渐凋敝。

现在城市中的人们都开始关心食品安全的问题，宁愿花大价钱去买超市里打着"有机"标志的食物，却不曾将目光真正投向在贫困线上挣扎的农民。

是真的看不到，还是害怕去看？

为什么"谁知盘中餐，粒粒皆辛苦"这首从小就背诵的唐诗，现在却被大家抛在脑后了呢？为什么需要付出这么多辛苦的劳动果实，如今却只被当作"应该低价"的饱腹之物？

人无"良心"，便种不出"良食"；没有安全感的土地，生长不了能给人安全感的果实。

没有对农业、农民真实恳切的尊重与关怀，而一味地去追求"有机"与"健康"，算不算一种舍本逐末呢？

现在，经营着小毛驴市民农园的我，被称为"城市新农夫"。

很多与我一起耕作的市民，由于各种原因脱离了原来的土地，却又难耐喧嚣的北京城里人情的冷漠，这才每周三次，坐着公交车来农庄种地。

这样的农庄，繁盛程度当然赶不上"人人网"上的虚拟游戏，但我们坚持着自己的坚持，并且乐在其中。而且，在我们的带动下，各种形式的回归农业已经成为一种趋势。

也许，我和很多在城市中耕作的农人，会被视为"不务正业"。但对我来说，当农民，当一个帮助农民的人，这个职业选择我从未后悔，也永远不会"弃业"而去。

农业，是我们的立身之本；耕读，是一种生活方式。

希望这本书，可以吸引更多的人来关注农业；希望就在读这本书的人中，会有人站起来，走出窄小的格子间，走到农田中去。

也许，就像我一样，你的人生，也会就此被土地改变。

致谢

完成这本书的时候，感慨万千，最先想到的人是我的父亲和母亲，要感谢他们二十多年来对我的养育之恩，是他们对我不懈的支持和鼓励，是他们的言传身教，让我坚强地走过了人生的一道又一道难关，让我勇敢地去探寻属于自己的人生之路。

感谢我的导师温铁军先生两年多对我学术和人生方向的指导。感谢美国农业政策与贸易研究所（IATP）对我的资助，所长郝克明和翻译我博客的哈佛大学的学生梅若林（Caroline），以及克劳迪亚为我来美国前所做的工作。感谢地升农场和全体成员给我生活和研究提供的所有帮助，我至今仍然对于地升农场有一种归属感。感谢在美国认识的所有朋友以及他们目前为食品运动所做的努力。感谢周立老师和谷莘老师对我的指导和关心。感谢关注我的所有人和朋友们对我每一次的问候。感谢2009年开始参与小毛驴市民农园的所有工作人员、实习生、志愿者和份额成员，感谢2012年5月以来参与"分享收获"创业和中国社会生态农业CSA联盟的所有消费者和生产者，特别是现在已经成为我的爱人的程存旺先生，你们都是这场变革的重要力量。

参考文献

1. Fred Magdoff, John Bellamy Foster, and Frederick H. Buttel Hungry for Profit, *The Agribusiness Threat to Farmers, Food, and the Environment*, Monthly Review Press,2000

2. Peter Rosset, *Small Is Bountiful*, The Ecologist, v.29, i.8, Dec.99

3. Jane Goodall with Gary McAvoy and Gail Hudson, *Harvest for Hope*, Grand Central Publishing, 2005

4. John Hendrickson, *From Asparagus to Zucchini Madison (WI) Area Community Supported Agriculture Coalition*, Jones Books, 2007

5. Elizabeth Henderson with Robyn Van En, *Sharing the Harvest: A Guide to Community-Supported Agriculture,* Chelsea Green Publishing Company, 1999

6. Institute for Agriculture and Trade Policy, *US Dumping on World Agricultural Markets*, 2003

7. Daryll E. Ray, Daniel G.DE La Torre Ugarte, and Kelly J. Tiller, *Rethinking US Agricultural Policy: Changing Course to Secure Farmer Livelihoods Worldwide*, Agricultural Policy Analysis Center,The University of Tennessee, 2003

8. Lydia Oberholtzer, *Community Supported Agriculture in the Mid-Atlantic Region: Results of a Shareholder Survey and Farmer Interviews*, Research from the Small Farm Success Project, 2004.7

9. Minnesota Institute for Sustainable Agriculture, *Marketing Local Food,* 2007

10. Jamie Ann Picardy, *Close the Distance Gap Through CSA*, Master Thesis, 2001

11. United States Department of Agriculture, *A Time to Act: A Report of the USD, A*

National Commission on Small Farms, 1998

12. Frances Moore Lappe, *Diet for a Small Planet*, Ballantine Books, 1975

13. Netting. R. Mcc. Smallholders, *Householders: Farm Families and the Ecology of Intensive, Sustainable Agriculture,* Stanford: Stanford University Press, 1993

14. Baarret, C. B., *On Price Risk and the Inverse Farm Size-Productivity Relationship*, University of Wisconsin-Madison, Department of Agricultural Economics Staff Paper Series No.369, 1993

15. Walter Rochs Goldschmidt, *As You Sow: Three Studies in the Social Consequences of Agribusiness*, Rowman & Littlefield Publishers, 1978

16. Cooley, J.P. and D.A. Lass, *Consumer Benefits From Community Supported Agriculture Membership, Review of Agricultural Economics*, Vol. 20, No. 1. pp. 227-237, 1998

17. 周立,《美国的粮食政治与粮食武器》(非正式出版物), 中国人民大学, 2008

18. 卡尔·波兰尼,《大转型: 我们时代的政治与经济起源》, 浙江人民出版社, 2007